湖南省高校思想政治工作研究项目（21C34）资助

思想政治研究文库

大学生创新学习素养提升导论

邹晓卓 ◎ 著

光明日报出版社

图书在版编目（CIP）数据

大学生创新学习素养提升导论 / 邹晓卓著. -- 北京：
光明日报出版社，2023.8
　ISBN 978-7-5194-6054-9

　Ⅰ.①大… Ⅱ.①邹… Ⅲ.①大学生—学习—研究
Ⅳ.①G645.5

中国版本图书馆 CIP 数据核字（2021）第 083245 号

大学生创新学习素养提升导论
DAXUESHENG CHUANGXIN XUEXI SUYANG TISHENG DAOLUN

著　　者：邹晓卓	
责任编辑：陆希宇	责任校对：许　怡　乔宇佳
封面设计：中联华文	责任印制：曹　净

出版发行：光明日报出版社
地　　址：北京市西城区永安路 106 号，100050
电　　话：010-63169890（咨询），010-63131930（邮购）
传　　真：010-63131930
网　　址：http://book.gmw.cn
E - mail：gmrbcbs@gmw.cn
法律顾问：北京市兰台律师事务所龚柳方律师
印　　刷：三河市华东印刷有限公司
装　　订：三河市华东印刷有限公司
本书如有破损、缺页、装订错误，请与本社联系调换，电话：010-63131930

开　　本：170mm×240mm	
字　　数：187 千字	印　　张：14.5
版　　次：2023 年 8 月第 1 版	印　　次：2023 年 8 月第 1 次印刷
书　　号：ISBN 978-7-5194-6054-9	
定　　价：89.00 元	

版权所有　　翻印必究

序 言

　　《大学生创新学习素养提升导论》一书旨在帮助在学习上存在困难的大学生，让大学生们能够更好地、更有效地提升自身的学习素养，形成更加积极的学习态度。《大学生创新学习素养提升导论》一书是在帮助大学生解决学习问题、提高学习素养上的首次尝试。本书的序言部分旨在解决最基础的问题："什么是学习？"

　　学习，是指通过阅读、倾听、思考研究实践过程中获得的知识或技能。学习可分为广义学习和狭义学习。广义上的学习一般是指人们在生活过程中，由于经验而产生的行为或行为潜能相对长久的变化。狭义的学习是指通过阅读、研究、观察、理解、探索、实验、实践等途径获得技能或知识的过程。学习是一种行为方式，使人能够经历不断地变化（知识和技能、方法和过程、情感和价值观的改进和升华）。

　　资料显示，"学习"最早可追溯至春秋时期《论语》中的"学而时习之，不亦说乎？"在孔子和其他中国古代教育家看来，"学"就是闻、见与模仿，是指获得信息的方式和技能，主要是指接受感官信息（图像信息、声音信息及触觉味觉等信息）与书本上的知识，有时还包括思想含义；"习"是实践、执行，是指温故技能、知识的行为，主要是将学到的知识、经验与行为，应用到自己身上，并反复训练。

知识是在书本上、新媒体上了解的科学性的，经过先辈认证的一些固定性的内容；技能则是积累了经验之后所形成的能力，比如，你掌握了骑自行车的能力，能熟练使用办公软件，能流利使用外语对话，等等。

学习的最终目的便是获得知识、技能、认知、能力。也就是将学习内容进行消化和整合。

荀子《劝学》有这样一句话："古之学者为己，今之学者为人。"在荀子看来，学生和老师对于学的态度，体现了两种学习目的：君子之学和小人之学。

君子之学是"以美其身"，在于提高素养，增强内在品质，即为内不为外。而小人之学则是为了"禽犊"，为了卖弄，求外不重内。

正是因为君子之学为己，所以"入乎耳，箸乎心，布乎四体，形乎动静"。多是消化、应用；而小人之学为人，所以"入乎耳，出乎口"，多是向别人说（为了卖弄）。君子之学"质量高"，有很多推断论据（美乎其身）。而小人之学"质量低"，即一句结论背后鲜有证据，只要稍加追问便可轻易让其哑口无言。"君子之学"的数量少，即下结论的速度较慢，且下结论的推论数目亦不多。这是因其认真谨慎的治学态度所致，而小人反之。

然而，大多数人并不以为小人之学是完全不可取的。君子之学为根基，小人之学为给自己争取机会的"小手段"，也未尝不可。

学习在实质上就是学、思、习、行的总称。学属思，习属行。荀子在《劝学》中还说："君子曰：学不可以已。"学习是伴随人一生最普遍最重要的活动，也是推动人类及人类社会发展的动力。数学家华罗庚曾说过，在寻求真理的长河中，唯有学习，不断地学习，勤奋地学习，有创造性地学习，才能越重山跨峻岭。

学习这一词可分为"学"和"习"。我们从这两个字的本义来看，学，教人算数、习字的校舍；习，数飞也，即小鸟不断试飞的意思。我们也可以理解为学习的过程分为这两个部分，学习，便是获得已知的，探索未知的，获得已知的可以定义为"学"，探索未知的可以定义为"习"。依据孔子与其他古代教育家的看法，"学"就是闻、见与模仿，是获得信息、技能。"学"一般是指有人教导或者依据书本自学；"习"指的是巩固技能与知识的行为，有三种含义：学习、温习、练习。

从学习、温习、练习三个角度来说，学习的过程也是有规律与方法可循的。

学习阶段从心理学角度来看，记忆效果取决于大脑对知识的信息编码方式，大致可分为构建记忆知识树的三个过程：一是不直接记忆，进行加工，不机械重复；二是把记忆内容和学过的知识串联起来；三是记忆点燃后串联成线结合成面。所以在学习前一定要先进行预习。学习的过程难免坐立难安，集中精神听讲有一定难度，因此，在预习过程中就要有目的性以免上课听不到重点。

温习阶段要有目的地进行复习，要稳定注意力。温故而知新。

练习阶段则要注重学与思、理论与实践的结合。孔子曰："学而不思则罔，思而不学则殆。"学习并不是一个机械重复的过程，而是一个思考的过程，在学习的同时要有自己的理解与思考，这样才能把学习的内容真正转化为自己的智慧，为"我"所用。学而不用则废，用而不学则滞，学用必须结合，二者缺一不可。

学习不应该是被动接受的，应该是主动获得的。主动学习，是为了获取自己想要的知识与技能，学生必须从心出发，有目的有选择性地学习，这样习得的知识和技能，不仅可以事半功倍，还能让学生产生成就感，让学习成为一种乐趣。

学习应该是一个愉快的过程。爱学习的人通过学习学到更多的知识开阔眼界，提升自己的思想境界，获得的知识使人产生成就感和满足感，这时学习使他们开心快乐，他们能从学习中培养愉悦感，让学习变成一件开心的事，让学习变得轻松简单。

大学的学习更需要学生懂学习、会学习，能够把握学习的节奏、掌握学习的技巧，能够更合理地安排学习，让学习的自主性得到更充分的利用。大学阶段，学生要探索以后的人生路径。用大学这个时间，找到自己、认识自己，这就是上大学最重要的学习。学习也是在大学阶段，最能有效投资自己、让自己变得更有价值的途径。

总的来说，学习就是能力提升的途径、思维开拓的渠道。"知道的"只是大学生选择概念，而通过学习，"理解的"才是知识。学习，则是不断寻求新的可能性。如今世界日新月异，一日不学，原有的经验就不能涵盖新的现实。

希望这本书，能让大家更好地理解学习的真正概念、意义和作用，能让大家对于"什么是学习？"这个问题不再感到迷惘。序言部分只是抛砖引玉，相信大家阅读之后能对书中内容更加有兴趣，而书中内容确实系统完善、内容充实，对大家的学习大有裨益，一定能满足大家的需要。祝福大家能够开卷有益，于本书中找到解决自己学习问题的办法，能在学习上更进一步，更好地学习。

目 录
CONTENTS

第一章 学习的内涵与延伸 …………………………………………… 1
  第一节 学习的类别 ……………………………………………… 1
  第二节 知识的学习 ……………………………………………… 12
  第三节 智力技能的学习 ………………………………………… 22
  第四节 动作技能的学习 ………………………………………… 30
  第五节 关于学习态度的思考 …………………………………… 40
  第六节 学习的动机 ……………………………………………… 48
  第七节 自主学习 ………………………………………………… 55
  第八节 合作学习 ………………………………………………… 69
  第九节 研究学习 ………………………………………………… 81
  第十节 体验式学习 ……………………………………………… 87
  第十一节 创新学习 ……………………………………………… 97
  第十二节 多媒体学习 …………………………………………… 110

第二章 大学生学习的特征 …………………………………………… **118**
  第一节 职业定向性 ……………………………………………… 118
  第二节 途径多样性 ……………………………………………… 124
  第三节 主观能动性 ……………………………………………… 132

第四节 研究探索性 ·········· 138

第三章 大学生常见的学习心理障碍及调适方法 ·········· **141**
第一节 学习动力缺乏与调适 ·········· 141
第二节 学习效率低下与调适 ·········· 150
第三节 学习动机过强与调适 ·········· 162
第四节 考试焦虑与调适 ·········· 168

第四章 大学生学习能力培养与潜能开发 ·········· **179**
第一节 学会学习 ·········· 179
第二节 学习心理学的目标 ·········· 187
第三节 大学生学习能力培养 ·········· 192
第四节 大学生学习潜能的开发 ·········· 201
第五节 学会学习与快乐学习 ·········· 211

第一章

学习的内涵与延伸

第一节 学习的类别

学习类型是有关学习活动的心理学分类。

主要有：①根据学习活动的复杂程度，分为信号学习、刺激-反应学习、连锁学习、言语联结学习、多样辨别学习、概念学习、原理学习、解决问题学习。②根据学习方式差异，分为接受学习和发现学习、意义学习、机械学习。③根据学习的内容与结果差异，分为知识学习、技能学习、心智学习、道德品质和行为习惯学习。

一、学习方式分类

（一）接受学习

接受学习是人类经验的获得，来源于学习活动中自己对他人经验的接受，并将其他人接受学习所发现的经验通过他的掌握、占有或吸收，转化成自身的经验。接受学习中主体所得到的经验来自经验传递的整体系统，他人对此经验的传授，并非来自他自己的发现与创造。低级的接受学习主要表现为死记硬背、一知半解、似懂非懂。高级的接受学习表现形式有很多种，例如融会贯通、触类旁通、举一反三。总之，我们所认为的"接受学习是低级的"这个观点是片面的。

（二）发现学习

发现学习指的是通过独立学习、独立思考和独立发现知识，并且掌握原理原则学习。与接受学习相比，发现学习是一种在研究中获取知识和发展探索性思维的学习方式。学生能够通过自己的独立学习与思考，找出解决问题的方式方法，从而形成正确的结构概念。发现并不只局限于对人类所不知道的事物的探索。比如，在化学实验室，即使没有人事先告诉过你，而且你也没有从书上读过相关内容，你可能会通过做实验"发现"一个专业化学家已经证实的化学原理，而这个过程就属于"你自己的发现"。在对一条"你自己的发现"的原理的理解与学习上，你会发现要比你自己从学习书本所掌握的原理记忆得牢固、深刻得多。由此可见，"发现学习"是教的方法，也是学的方法。

美国的 R. 格拉泽（Robert Glaser）认为，应该将"以发现为目标的学习"与"靠发现而学习"区分开来，"靠发现而学习"是指通过发现过程进行学习的方法，但"以发现为目标的学习"则是把学习发现方法本身作为学习的目的。既是将发现的过程进行学习，也把学习发现的方法作为学习的目标。因此，发现学习是学生通过一定的学习发现的步骤进行学习的一种方式，目的是培养学生学习的探究思维的方法，它的主要特征是知识的主要内容与原理必须由学生自己发现。

（三）意义学习

意义学习指的是通过掌握所学案例资料的意义进行的学习，与"机械学习"相对。意义学习旨在运用有关知识经验，把握事物内在、本质的联系，达到理解事物的目的。从美国心理学家奥萨玛（Osama）的观点来看，意义学习是指学生在符号所代表的新知识与认知结构中已经存在的与之类似的概念之间建立实质性的、非人为的联系。很多研究表明，意义学习在掌握材料的全面性、准确性、巩固性以及速度等方面均优于机械学习。

（四）机械学习

机械学习的概念是由美国心理学家奥苏伯尔（D. P. Ausubel）提出的，与意义学习相对，指的是符号所代表的新知识与学生的认知结构中现有知识建立非实质性的和人为的联系①，即对任意的（或人为的）和字面的联系获得的过程。比如，学生只能通过记忆乘法表来形成机械记忆，而没法真正明白这些字符所代表知识的真正意义。机械学习是一种仅仅依靠机械的记忆学习材料，而不对复杂的内部知识和主题推论加以理解的学习方法，即我们平时常说的"死记硬背"。

二、学习内容分类

（一）知识学习

在学校教育的意义上，知识学习是对自然能量和社会规律、原则理论体系的研究，它由语言和书写符号组成。知识学习分为概念学习（基础形式）、原理学习、问题解决学习（高级形式）三部分。

1. 概念学习（基础形式）

概念学习是指具有共同特征的一类事物集合在一起，并冠以一个符号，任何知识都离不开概念的研究。因此，概念是知识的基本单位。学生主要从概念的逻辑系统中学习知识。掌握概念的方式可分为两种：一是没有通过专门的研究，但在日常生活和人际沟通中实现对日常概念的掌握；另一种是通过专门的学习活动来进行系统的学习，就是在学校里学习科学概念。概念学习可以通过学习工具来进行，如概念图。

2. 原理学习

原理学习又称规则学习或命题学习，是以概念学习为基础的学习活动。

---

① 胡朝兵, 张兴瑜. 意义学习的条件和教学策略 [J]. 宁波大学学报（教育科学版），2001, 23 (6): 9-12.

原理反映了概念与概念之间的关系，原理学习是理解并且掌握这些概念与概念之间的关系。原理的学习有多种方法，比如通过精加工进行和组织进行。

3. 问题解决学习（高级形式）

这种学习以知识、经验、技能或概念为基础，对问题的各种要求进行重组或组合，形成一个合适的解决方案。解决问题的思路：解决的问题、理解的问题、提出的问题、分析的问题、强调的假设和检验的假设。其中，学生可以尝试用错误法、顿悟法、类比法等方法解决问题。

（二）运动技能

知识学习是人的一种认知活动，运动技能学习是人的一种实践活动。由于两者性质不同，所以学习方法也不同。运动技能是个人有意识、有目的地完成一项任务的能力。运动技能是借助骨骼肌运动和协调活动的神经系统，使周边的肌肉发生反应，有意识、有目的地用身体去完成一项任务的能力，是人的一种习得能力。心理学家通过实践研究，将运动技能的内部心理构成成分分为四种，即认知成分、知觉与辨别、协调能力和个性特征。运动技能学习的关键是学习具体的操作过程，要熟练掌握和控制操作过程。

（三）社会规范

社会规范的行为也被称为行为规范，用于调整人类社会中个人和群体之间的关系。社会关系用于实现社会监管，维护社会正常秩序和社会的稳定发展。个体对规范过程的接受是一种内化过程，是个体将外部的行为需要转化为内部行为需要的内化过程，社会规范是个体社会行为选择的工具，是社会控制以及社会秩序维护的重要手段，受文化传统、社会政治法律制度和道德价值观的影响和约束。

三、学习的分类

R. M. 加涅（Robert M Gagne）和 D. P. 奥苏伯尔的学习分类在当代美国教育心理学中对于学习分类均有一定的代表性。加涅根据产生学习的情境把学习分为8类。

（一）信号学习

经典条件反射，包括不随意反应。学习指对具有信号作用的某种中性刺激做出反应的过程。信号学习是学习的基本形式，这是最低级层次的学习，即无论在普通家畜方面或在人类方面，对于信号学习普遍都是熟悉的。

（二）刺激-反应学习

操作条件反射。刺激-反应学习是一种学习的理论。该理论认为，学习过程是有机体在一定条件下形成刺激与反应的联系从而获得新的经验的过程。[①] 它只涉及一个刺激与一个反应之间的单个联络，而且刺激与反应是统一地联结在一起的。

（三）连锁学习

连锁学习指学习联合两个或以上的刺激-反应动作，以形成一系列刺激-反应动作联结。[②]

（四）言语联结学习

这是指语言学习中言语的连锁化，包括字词形声义的联想和言语顺序的学习。[③]

（五）多样辨别学习

这是指学习者对某一特别集合中的不同的成分做出不同的反应的学习。

（六）概念学习

这是指对事物的共同特征进行归纳总结的学习。其中部分概念可以通过学习者与环境的直接接触来获得，但部分概念则要运用语言对事物进行分

---

① 肖素平，钟娅琳. 初构"心理地球"模型——基于联结学习理论［J］. 地理教学，2016（13）：4-5.
② 陈素文，张宝珍. 将目标管理应用于妇产科教学的方法和体会［J］. 首都医科大学学报（社会科学版），2010：505-507.
③ 单中惠. 外国教育思想史［M］. 北京：高等教育出版社，2000.

类、归纳和概括才能获得。

（七）原理学习

这是对概念间关系的认识或理解。例如，从对"圆的东西"和"滚动"两个概念间关系的认识中得出"圆的东西会滚动"的规则。

（八）解决问题学习

这是指学习者运用理论，解决不同条件下的问题，达成自己最终目的的学习。

扩展阅读一：小测试——测测你属于哪种学习类型

测试指导语

1. 选项没有"对"与"错"之分。

2. 选择更接近你平时的感受或行为的选项。

3. 请选择你是怎么样做的，而不要选择你想要怎样、以为会怎样，或者认为哪样更好。

测试开始：

依据下面三个选项选择与你的情况相符的选项。

(A) 从不　　　　(B) 有时　　　　(C) 经常

1. 总是乱涂乱画，笔记本或书上有许多图画、箭头之类的内容。

2. 字迹不够工整，笔记本、作业本上常常会有涂改的痕迹。

3. 不看刚买来的电子产品的说明书，总是立刻动手去安装、使用。

4. 总是做备忘录，将事情按条理记录下来。

5. 总是听一遍就能够记住，不限于阅读或者朗读。

6. 当通过演示来教我如何做某事时，学习收获最大，并且会争取机会自己尝试动手。

7. 如果去一个新的地方，一定要写下行走线路图才不会迷路。

8. 用钢笔或者铅笔写字的时候会用很大的力气。

9. 喜欢用试错的方式去解决问题。

10. 如果想记住数字或地址等信息，我必须得在脑子里默读一遍。

11. 眼睛容易疲劳，但是视力很好。

12. 在做某件事情之前，会参考别人的经验。

13. 答题时会在大脑中回忆答案在书中的第几页的某个位置。

14. 阅读时容易把结构相似的词弄混。

15. 在学习的时候总是停下来去做别的事。

16. 听课的时候会一直看着老师。

17. 只能看懂自己的笔记。

18. 不善于表达。

19. 当有人谈话或者放音乐时，自己的注意力容易被分散。

20. 相比看书而言，更喜欢听讲座。

21. 在陌生的环境中有比较好的方向感。

22. 听到笑话反应比较慢。

23. 听比看的印象更深刻。

24. 用手比画着帮助回忆。

25. 安静办事效率高。

26. 歌多听几遍就会唱。

27. 体育课喜欢自己先模仿。

28. 观察过别人做就能学会，不用看书。

29. 对音乐比画面印象更深。

30. 数字需要我记忆一遍，别人说很多遍或写下来都没有用。

31. 读书的时候喜欢用手指或者笔指着所读之处。

32. 听广播也能很欢乐。

33. 喜欢手舞足蹈地与别人说话。

34. 书本的新旧情况会影响阅读情绪。

35. 不喜欢非常安静的环境。

36. 对做过笔记的上课内容，即使没有回头看笔记，也要比没有记过笔记的内容印象深刻。

测试结果的统计与解释：

选（A）得0分，选（B）得1分，选（C）得2分。

将第3、6、9、12、15、18、21、24、27、30、33、36的得分相加，记为a；

将第2、5、8、11、14、17、20、23、26、29、32、35的得分相加，记为b；

将第1、4、7、10、13、16、19、22、25、28、31、34的得分相加，记为c；

用公式a/（c+b+a）计算你的"动作"倾向权重。

用公式b/（c+b+a）计算你的"听觉"倾向权重。

用公式c/（c+b+a）计算你的"视觉"倾向权重。

人们通过用眼睛看、凭耳朵听、用手摸等方式接收信息进行学习，需要借助不同的感觉器官。在感知觉方面，学生主要有三种类型：视觉型、听觉型和动觉型。

1. 视觉型

视觉型学生擅长通过视觉刺激学习知识。他们把所听到的想象成图像，用图像代替他们说的话。他们从观察中学习的，比从对话、听力或实际写作中学习到的更多。在学习中，通过手动操作的学习效果要比阅读或聆听更有效。这种类型的学习者喜欢阅读，更容易从书本中吸收知识。他们可以很容易地记住自己读过的文章，并把它们翻译成口语，从而在复述或写作测试中取得良好的效果。他们通常很自信，有很强的自制力和学习自主性，对于生活、学习都有自己的计划，非常具有创造力。但是过于严肃和缺乏一定程度的表现力,有时候会过度自信,在一定程度上表现出自负的倾向。

对视觉型学生的学习建议:因为视觉学习者通常具有良好的学习成绩,他们往往有过度自信的想法与表现,而且经常会以自我为中心。视觉型学习者应该尽量扩大眼界,多从别人身上学习,多向别人咨询,并且找到更多的课外阅读来丰富自己的知识。

视觉型学生可通过以下方式增强学习能力:

﹡用图片来学习

﹡涂鸦、画符号

﹡画图表、地图

﹡把艺术与其他学科结合起来

﹡使用脑图

﹡做想象的活动

﹡看或制作自己的录像带

﹡运用模拟表演

﹡变动在房间的位置以获得不同的景象

﹡运用先前组织好的东西或目标设定的图表

﹡使材料聚集起来

﹡突出色彩

﹡运用电脑图示

2. 听觉型

听觉型学生擅长通过听觉刺激学习知识。喜欢通过口头语言接收信息,如演讲、讨论等。这类学生在课堂上通常能够认真听讲,按时完成作业,但是他们的缺点是过于注重书本知识,有时会影响他们发挥自己的潜能。

对听觉型学生的学习建议:学习如何培养独立解决问题和处理问题的能力,不会或不懂的问题不要急于求助于人,应学会寻找自行解决问题的方法。通过使用工具书或查找相关资料来寻找答案,培养独立思考的习惯。这类学生在日常学习和生活中，应该多从各个方面寻找答案，不断拓宽思维，加深对问题的理解。

听觉型学生可通过下列方式加强学习能力：

＊演奏乐器

＊通过歌曲进行学习

＊通过参与或者听音乐会来进行学习

＊伴随着巴洛克音乐来学习

＊伴随音乐锻炼身体

＊把音乐与其他学科领域结合起来

＊用音乐改变你的情绪

＊用音乐来放松

＊通过音乐来构想画面

3. 动觉型

动觉型学习者擅长通过双手和身体动作来学习知识，如记笔记、在教科书上画线、动手操作等。他们擅长体育、课外活动等需要动手操作的学科，在需要动手的科目或者比赛中表现突出，这类学生往往比其他学生有着更大的发展潜力。这种类型的学生在工作中往往更值得信赖，一旦他们专注于某件事，就会取得好成绩。

对动觉型学生的学习建议：这种学生在学习时间内采用分散法进行学习。分段学习非常适合他们，否则学习效率将会降低。分段学习方法是重点学习30分钟，休息10分钟，再切换到其他科目的学习，然后慢慢延长到45分钟、60分钟、90分钟，逐步培养专注学习、集中注意力的习惯。提高集中注意力的能力，可以尝试从学习感兴趣的科目开始，当情绪被激发后，可以学习更难或者不那么感兴趣的科目。这样学习就不会感到太累，并且可以逐渐适应那些不感兴趣的科目，逐步提高学习成绩。与此同时，在学习中有一个安静的氛围也是非常重要的。

动觉型学生可通过下列方式加强学习能力：

＊加强运动，促进学习

＊在自然学科和数学方面多动手

＊多改变一下状态或多休息

＊把运动与所有的课程都结合起来

＊当你在游泳或散步时，想一下今天学习了哪些知识

＊利用模型、机器、乐高技术和手工艺

＊利用空手道来集中注意力

＊利用校外调查旅行

＊利用班级的游戏

＊利用戏剧和扮演角色

＊拍打手指、拍手、跺脚、跳、爬

这三种类型的学习者在学习上都有各自的优势。学生先要了解自己属于哪一种学习类型，根据各种学习类型的不同特点充分发挥自身优势，弥补自身的不足。除上述三种类型的学习者外，还存在混合类型。显然，所有学习者都倾向于使用一个或多个感知通道来处理信息。对混合型学生的学习建议：根据不同的时间、地点调整自己的学习方式。要自己先制定出适合自己的学习方法，比如，零碎的时间可以用来背记英语单词，但此时选择看一篇论文就是值得商榷的。在安静的时候，有比较连续的长段时间时，看一本书这样的选择就是可以的。总之，学习有方法，但又是因人而异的，切不可一概而论。

第二节 知识的学习

【案例】

向超,男,是湖南农业大学植物保护学院的一名学生。

自进入大学以来,向超目标明确、学习刻苦,找到了适合自己的学习方法。在大一时就确定了他的目标,那就是去一个"985"高校或者科研院所继续读研深造。为了实现这个目标,他不断提升自己的学习成绩和社会实践能力。认真上好每一节课,从不旷课逃课,上课时认真做好课程学习笔记,课外时间反思所学知识并广泛阅读,总结学习方法。他有明确的日常学习规划,为自己制作了一个每日时间安排表,按照事件的紧急程度排序完成。大三学年平均成绩为班级第一,平均分为92.42分。积极参加学科相关竞赛,获湖南农业大学"大连三仪杯"动物医学技能大赛三等奖。曾获得国家奖学金、校一等奖学金、校二等奖学金、"燕化永乐"企业奖学金、"世科姆"企业奖学金,校"三好学生标兵"、校"军训标兵"、院"三好学生"等荣誉。在大二学年进入实验室学习、做实验,培养了对科研的兴趣,在中国农业科学院植物保护研究所实习期间,撰写论文一篇发表在一级学报《植物病理学报》上。由于优异的成绩,他在大四时取得推免资格,被保送至中国农业科学院,实现了他要继续深造的目标。

一、知识学习概述

(一)知识的类型

1. 理性知识与感性知识

依据反映事物的深度不同,可以将知识分为理性知识和感性知识。

理性知识(conceptual knowledge)是基于事物的本质特征与内在联系的

反映，包括命题和概念两种形式。概念反映事物的本质属性和本质关系；命题是我们通常所说的规则、原则。

感性知识（perceptual knowledge）是基于活动的外表特征和外部联系的反映。可分为感知和表象两种形式。知觉是人脑对当前活动对象的反映，而表象则是人脑对先前感知到的活动的反映，而不是对当前活动的反映。

2. 程序性知识与陈述性知识

根据反映活动的形式，可以将知识分为程序性知识和陈述性知识。

程序性知识（productive knowledge）也叫操作性知识，是个体难以表述清楚，只能借助于某种行为间接推测其存在的知识。这种知识主要用于回答"如何思考"和"如何去做"的问题，主要是以生产和生产系统表示的形式，来解决该做什么和如何做的问题。美国心理学家罗伯特·加涅认为，程序性知识包括两个子范畴：心理技能和认知策略。心理技能是使用概念和规则的对外程序性知识，主要用于处理外部信息。认知策略，又称战略知识，是一种程序知识，主要用于调节和控制自己对知识的加工活动。

陈述性知识（declarative knowledge）也叫描述性知识，指的是一个人能有意识地提取线索并能直接回忆和呈现的知识，主要用来说明事物的属性、状态和特点等，用于区别和辨别事物，这种知识具有静态的性质。陈述性知识需要的心理过程主要是记忆，陈述性知识主要由命题和图式来表示，前者用于表示小意义单元，后者用于表示大型有组织的信息组合。

（二）知识学习的类型

知识本身就具有各种各样的形式，不同形式的知识复杂程度是不同的，依据这些差异，知识学习可以分为符号、概念和命题学习。

1. 符号学习

符号学习又称表征学习，是指学习单个符号或一组符号所代表的意义。符号学习的心理机制是符号及其所代表的事物或思想，在学习者的认知结构中建立相应的对等关系。符号学习分为言语学习、非语言符号学习和事实性知识的学习。

2. 概念学习

概念是人脑对客观事物本质特征的理解。事物的本质特征是决定事物的本质并区别于其他事物的特征。非本质特征是对事物没有决定性意义的特征。比如，"能喝水的叫杯子"，这个是杯子的本质属性，而"红色的能喝水的杯子""玻璃材质的能喝水的杯子""纸做的能喝水的杯子"等这些句子当中"红色的、玻璃材质的、纸做的"都是非本质特征，不是杯子区别于其他事物的本质属性。

概念学习就是把具有共同属性的事物放在一起，并给它们起一个名字来排除没有这些属性的事物。概念学习的过程有两个环节：概念的运用和概念的获得。

概念的运用指的是在概念获得后，可以在认知活动中发挥作用，并对认知活动产生影响，这通常反映在认知和思维两个层面上。在知觉层面使用概念是指使用已经习得的概念，以帮助识别和分类同类的特定事物。在思维水平使用概念指的是概念适用于判断和推理事物或概念重组，以满足需要解决问题。

获得概念有两种形式，即概念的形成和概念的同化。概念的形成，也就是说，学习者可以从大量相似事物的不同例子中独立地发现相似事物的关键特征，或者从大量的具体例子中，通过归纳的方法来提取一类事物的共同本质属性，从而形成一个概念。比如，幼儿园小朋友通过见很多的玩具最后总结出玩具的概念。概念的同化，即由指导者通过运用下定义的方法直接呈现给学生，将新概念纳入学习者认知结构的相关概念中，让他们自己掌握的概念来理解。比如，学习了等腰三角形的概念再学习等边三角形的概念，这是使用现有的知识吸收新知识，达到理解新知识的目的。

3. 命题学习

命题学习是"学习的新意义，以命题的形式表达思想"，指学习由几个概念组成的句子复合意义,即学习多个概念之间的关系。在概念的基础上形成命题,所有命题的学习必须首先理解组成这个命题相关概念的意义,之后才能理解这个命题。比如,当学习到"圆的直径是它半径的两倍"这一命题时,如果在学习这一命题前,没有理解"圆""直径"和"半径"等这些概念,便不能理解"圆的直径是它半径的两倍"这一命题的意义。由此可见,命题学习不仅基于概念学习,而且基于符号学习,运用两种学习方法同时去解决问题,从而达成自己的目标。

二、知识学习的过程

知识学习主要是学生对知识的加工处理过程。这一过程包括三个阶段:知识获得、知识保持和知识提取。

（一）知识的获得

知识的获得是知识学习的第一阶段。在这一阶段,新知识进入短期记忆系统,与长期记忆系统中的知识连接,从而产生新的意义。心理学家奥苏伯尔认为知识获得的心理机制是同化,也就是说知识的获得是学生对认识结构中原有的知识固定并吸收新学习的知识的过程。新知识同化到原有的知识体系中,改变了原有的认识结构,使学生的认识结构不断发展变化。[1]

知识的同化需要几个条件:首先,学生原有的认识结构中必须具有同化新知识的相应的知识基础。其次,学习材料本身应该具有内在的逻辑意义,并能够反映人类已有的认识成果。[2] 最后,学生应该具备学习的动机。

（二）知识的保持

在人们的脑海里被现有的知识同化新知识,使其被理解,认知结构固定位置后,接下来的问题是如何将这些知识添加到记忆系统中并保留下来。在

---

[1] 孟凡瑜. 奥苏伯尔认知同化学习理论在史论教学中的应用 [J]. 大家, 2010 (4): 2.
[2] 金梦甜,丁永刚. 从认知同化学习理论看教师智慧成长 [J]. 软件导刊·教育技术, 2016, 15 (6): 2.

知识保留阶段，新构建的意义存储在长期记忆系统中，如果不进行深层次的认知加工，信息就会被遗忘，我们需要考虑如何提高知识的保持效率。

1. 知识的记忆系统

人类对事物的感知能力、思考的问题、情绪和情感体验、实践行动都可以成为记忆的内容。记忆的三个基本环节是：识记、保持和回忆。现代认知心理学将人类记忆系统分为三个子系统：瞬时记忆、短时记忆和长时记忆。

瞬时记忆（immediate memory），又称感觉记忆，是记忆的开始，非常多的感觉信息在一瞬间保存在此处；之后会有一部分的信息因为受到注意而进入短时记忆，并得到进一步的加工。

短时记忆（short-term memory）保持信息的容量是有限的，在没有复述的情况下，信息在短时记忆中保存的时间很短。来自瞬时记忆的信息可以在短时记忆中得到加工而进入长时记忆；来自长时记忆的信息也可以进入短时记忆而得到进一步的加工和利用。

长时记忆（long-term memory）构成了个体关于外界和自身的全部知识经验。长时记忆的信息容量没有限制，良好的编码能够改善信息在长时记忆中的存储和提取。①

2. 知识的遗忘

在现实生活和学习中，我们经常经历知识的遗忘。遗忘是对记忆材料的承认和再现或错误的承认或再现。德国心理学家艾宾浩斯（H. Ebbinghaus）最先对遗忘的发展进程进行系统的研究。艾宾浩斯的研究结果被绘制成曲线，即被称为经典的"艾宾浩斯遗忘曲线"（如图1）。

从图中我们可以了解到，遗忘是在学习后立即开始的，并且遗忘的速度是先快后慢的。因此，遗忘的进程是不均衡的，是先快后慢的负加速型。

---

① 李宏翰. 心理学学习指导［M］. 桂林：广西师范大学出版社，2004.

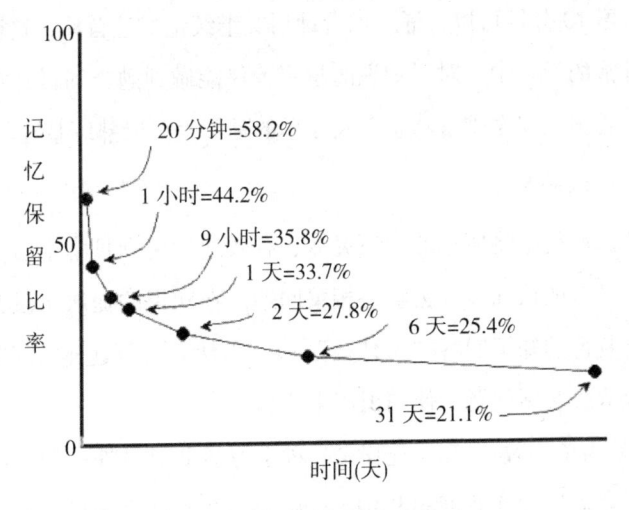

图 1　艾宾浩斯遗忘曲线

3. 运用记忆规律，促进知识保持

认知心理学研究表明，如果人们对信息进行深度加工，信息保存的效率就会得到提高，而且有利于信息的提取和回忆。深加工是指通过向所研究的新材料中添加相关信息，如添加细节、举例、推理、联想等来理解和记忆新材料的方法。

通过记忆术是运用联想的方法对无意义的材料赋予某些人为意义，以促进知识保持的方法。[①] 学习材料的复习，从时间分配的角度来看，有两种不同的形式，一种是集中复习，这种复习次数少且花费时间长；一种是分散复习，这种复习方式是多次的短时间复习。研究表明，分散复习效果比集中复习的效果好，因为分散复习可以减少疲劳，减少前摄抑制和倒摄抑制对学习的影响。因此，教师应鼓励学生在学习中分散复习，而不是等到考试前集中复习。

所谓过度学习，指的是学习刚刚达到背诵阶段后的额外学习。像读一段

[①] 逯晓霞. 巧妙运用记忆规律促进学生知识保持［J］. 学周刊 C 版，2011（2）：109.

诗，有人学习10分钟可以背诵，而背诵后又继续记忆这首诗，这就属于过度学习。在日常的学习中，对于知识的学习，仅能做到勉强回忆、背诵的程度是不行的，必须在完全理解意思以及原理的基础上可以熟练掌握。

（三）知识的提取

知识的提取就是将所学的知识灵活、有效地运用到日常生活实践中，其实质是运用已有的认知经验去解决相关问题。在知识的提取阶段，个体需要能够运用所获得的知识回答"是什么"和"为什么"等这样的问题，并且应用这些知识解决实际问题，使知识产生迁移。

"教，是为了不教。"知识迁移是一种学习活动对另外一种学习活动的影响，存在于"习"这个连续过程中。任何学习都是在学生已经具有的知识经验和认知结构、已获得的动作技能、习得的态度等基础上进行的，这种新的学习对原有的知识结构的影响就形成了知识的迁移。

三、知识学习的条件

（一）外部条件

要使知识的学习具有意义，新的知识必须有一定的逻辑意义。奥苏伯尔根据学习材料与学生认知结构中已有知识的关系，将学习分为机械学习和有意义学习。机械学习是指符号所代表的新知识与学生认知结构中已有的知识建立非实质性的和人为的联系过程。[1] 有意义学习指符号所代表的新知识与学生认知结构中已有的适当概念建立非人为的、实质性联系的过程。[2]

如果学习材料没有意义，或者学生不了解学习材料的意义，必然导致机械记忆。机械记忆是指对事物的即刻回忆能力，故又称即刻回忆。例如，寻找之前不熟悉的电话号码，快速记住它，直到拨号完成后，像类似这样的一

---

[1] 谢明初.数学机械学习与意义学习的再认识［J］.数学教育学报，1999，8（3）：19-21.
[2] 车文博.心理咨询大百科全书［M］.杭州：浙江科学技术出版社，2001：681-682.

串数字，如果不经常重复使用，很快就会忘记。机械记忆是机械学习的基础。机械学习在无意义材料的学习中是很常见和必要的，但是我们在学习和记忆有逻辑意义的材料时应该尽力避免进行机械学习。有时，无意义的材料也可以人为地赋予意义，建立一些联想来帮助记忆。

当新的学习材料本身具有逻辑意义，学生的认知结构中具备与新知识相联系的知识准备，我们就可以进行有意义学习。有意义学习才是科学的、生动活泼的、积极思维的、高质高效的学习，教学最终必须落实到学生的有意义学习上，检验教学是不是科学的，其实际标准就在于看它是否使学生产生了有意义学习。①

（二）内部条件

1. 已有知识的稳定性

如果与新知识有关的原有知识记忆不牢固，容易导致吸收新知识困难。在这种情况下，复习好相关的旧知识是学习新知识的前提。"温故而知新，可以为师矣。"可见复习是学习的重要环节，而不是辅助手段。复习不仅是复习知识，还能够培养不依靠直观事物去思索想象的能力。是否能把知识的梗概、精要、脉络等简明扼要地复述出来，这是对是否已真正弄通知识这一情况的检验，同时也能加深对知识的理解。当原有的知识在记忆中十分牢固后，原有的知识与新知识之间的联系也会加深加固，新知识的提取应用也会更容易。

2. 已有知识的可辨别性

如果已有知识与新知识之间可分辨性较差，有较大可能性导致知识的提取、保持困难。一旦出现这样的情况，可以通过强化比较或人为赋予意义来增强记忆，由于这种记忆方式不符合有意义学习的条件和标准，故此仍属于机械学习的范畴。利用比较记忆法记忆的时候，可以把相互对立的事物放在

---

① 陈琦，刘儒德. 当代教育心理学 [M]. 北京：北京师范大学出版社，2007.

一起，形成对比，这样就很容易在大脑中留下深刻印象从而加深记忆。

拓展小知识

外语学习小贴士

1. 设定合理的预期

在外语课堂上感到学习吃力是很自然的事情，因为你已经习惯了用母语进行交流。因此，在外语学习中，必须做好心理准备、接受一个事实：在课程开始的时候，可能什么都听不懂。通过这种方式，你的心理阻力将会削弱。在这个时期，你的大脑正在花时间适应外语的语音和节奏，偶尔你会听懂几个词，慢慢会听懂几句话的意思，这表明你的大脑正在发生微妙的变化。

2. 把学习的时间分成较小的单元

研究表明，在短时间内频繁地学习一门外语，比长期学习一门外语效果要好得多。因此，建议你坚持每天学习，一天学习几次，但每次学习时间不要太长。同时，还可以把外语学习与其他事情结合起来，比如，洗漱的时候默记今天学习过的单词，在睡前回忆一下今天学习的课文。

3. 有效的学习词汇

词汇是外语学习的根本。学习词汇时可以做一些小卡片，把要记的单词写在小卡片上，把汉语意思写在小卡片的另一面。在熟悉单词和词义后，还可以将该单词的语法信息写到小卡片上。在进行单词学习的时候，可以把很多卡片汇集在一起，按照词的意思将小卡片进行排序，或者根据单词的意思对小卡片进行分类。

4. 积极地练习

抓住所有能抓住的机会，勇敢地大声说出来，而不仅仅是默默地说，包括背诵单词、练习发音、阅读课文等。在答题时，不要仅仅是浏览题目，也可以大声朗读，并清晰地写下答案。语言从思想转变成可以交流，这期间需要大量的练习。

5. 认真做作业

当面对面地语言交流时，遇到不会的单词，在当时的情况下不太可能去查字典。但是，当你做作业的时候，你有足够的时间这样做。所以在学习与生活中遇到不会的单词或者对该单词记忆模糊时，不要模糊处理糊弄过去，一定要把这个单词弄清楚，避免下次再遇到这样的情况。

6. 组成学习小组

与学习小组的同学定期进行面对面的交流，一起记单词，练习对话。每个人都有优点和缺点，互相学习，每个人都能从中受益。同时，通过相互交流和讨论，可以加深对单词与句法的理解以及运用能力。

7. 找到适合自己的学习风格

如果你的同学学习比你高效，不必气馁。这是因为每个人都有适合自己的学习方法，有不同的学习速度。你可能语法不好，但英语口语好，发音标准，然后尝试语法和对话一起学习；如果你听力不好，但阅读好，可以尝试写下知识点，并大声朗读。这样的学习方式，不仅能发挥你的优点，还能推动其他方面的进步。

8. 尽量利用语境

语境对外语学习非常重要。在开始的时候，可以尽量跟同学在课堂以外的情境进行对话练习，还可以通过收看更多的外语节目，或者和外国人交朋友，参加国际交流活动等更好地掌握一门外语。

第三节 智力技能的学习

一、智力技能概述

智力技能是借助内部言语在头脑中实现的认识活动方式,从本质上来说,是一套办事的操作步骤,概念和规则的学习都是智力学习的一部分。这种认知活动是在内部语言的帮助下,按照合理、完善的程序组织起来的,并且自动进行。比如,学生学会了九九乘法表,在演算一些简单的乘法题目时就能把这项技能加以运用;学生在学习了写作技能之后,就能根据不同的命题与情景写出不同风格的文章;学生学习了旋律技能,就能根据不同曲风的旋律进行记忆,并且自如地哼唱出相同的音调。

学生可以利用所掌握的技能以及生活中学习到的经验,应用于遇到的各类问题,使问题得到解决。智力技能是获得经验和解决问题的必要条件。任何个体经验都发生在主客体相互作用的过程中。体验的产生一方面需要客体作为活动客体的作用,另一方面需要主体对活动客体的反应。[1] 但是,如果只有客体的影响而没有主体的反应,就不足以产生个体经验。此外,智力技能是获得理性经验的重要手段,而理性经验是智力技能的产物。

二、智力技能的分类

(一)一般智力技能

一般智力技能是指认识活动的技能,包括观察技能、想象技能、思维技能、记忆技能。[2] 这些技能属于内潜技能,在人出生之后能自主形成,通过

---

[1] 赵丹. 浅谈学生智力技能的培养 [J]. 河北教育(上半月),2005 (6):36.
[2] 李岸. "技能"及"技能型人才"辨 [J]. 经济研究导刊,2014 (9):60-61.

对周围环境的熟悉以及不断接触事物，一般智力技能逐渐增强。而这些技能不是实物，必须通过其他的实物才能表现出来，这些技能的运用也只能通过大脑的思考对我们的行为进行相应的改变。

（二）特殊智力技能

特殊智力技能指的是在专门领域中形成并发展的技能，如运算技能、阅读技能、绘画技能、写作技能等。在专业活动中表现出来的技能就是特殊的智力技能，学生从小学开始学习基础知识到在大学需要学习专业知识，就是一种特殊智力技能的提升。

一般智力技能仅能通过特殊智力技能得到表现，而特殊智力技能又必须建立在一般智力技能基础上。任何一种特殊智力技能都无法离开一般智力技能，一般使用任何一种知识技能，都需要有具体的内容。例如，思维、分析和综合是思维的基本技能，分析这些对象和材料，涉及一定的专业知识，就使得思维技能在一定的职业活动中得以体现。[1]

三、智力技能的特点

智力技能是指通过内部言语在人脑内部进行的认识行为，是以思维为核心的认识加工的具体行为，这种行为具有下列三个基本特点。

（一）内潜性

就智力活动而言，它是在大脑中默默地借助内部语言进行的，是在头脑中对事物进行分析、综合、抽象、概括的思维活动，不像作用于客观实物的外部动作那样，可以看到对实物进行加工改造的动作过程。[2]

（二）观念性

智力活动不是通过摆弄实物来实现的。它的动作对象不是客观事物本

---

[1] 李岸．"技能"及"技能型人才"辨［J］．经济研究导刊，2014（9）：60-61.
[2] 章永生．技能的形式［M］//章永生．教育心理学．石家庄：河北教育出版社，1999.

身，而是人脑中客观事物的形象和与之相关联的词语。智力活动是靠内部言语及词语的作用进行的。智力活动是以词的形式在"心里"与"脑海"中完成的动作，具有观念性，是理性的思维做出的客观反应。

（三）简缩性

智力活动可用高度简缩的方式进行。例如，在口算中，阅读、心算、推理等智力活动都可以大大减少思维过程。再加上在时间四维中进行智力活动，可以回忆之前发生的事情，也可以对未来进行预判，推导出同一事物不同解决方案的不同结局。

四、智力技能的形成

（一）教学活动

在教学中培养学生的智力技能时，教师应考虑到学生的智力技能形成有不同阶段，因此应该用不同的教学方法进行教学。

首先，识别不同类型的主题，如果学生能够识别出属于哪种类型的主题，他们可以使用相应的知识来回答问题。就像弄清楚作文是议论文还是抒情散文，弄清楚物理实验中运用了牛顿定理还是开普勒法则。关键在于分清类似课题或对立课题的区别，建立不同的思维模式。

其次，形成完备的定向能力。首先要正确全面理解课题智力活动的全过程，如做平面题，要了解计算推导的全过程，即审题、了解几何结构、选择不同定理进行论证、删减辅助线等。

再次，对智力活动方式有概括性的了解，比如，在解决"作三角形高"这一类数学问题时，学生应先学习、了解相关知识以及如何运用知识解决这一类问题。

最后，定向基础应该是由学生独立自主地提出的，而不是由教师在课堂上直接把解决方法告诉学生。在学习智力技能的过程中养成独立思考的能力，运用大脑对各类事物提出问题并思考解决的办法，而不是一味地死记考试答案形成应考处理模式。教师在教学中起到十分重要的作用，不仅要给学生提供良好的实践方式，还要引导学生认识知识、解决问题，同时引导和培养学生的思维方式。比如，在讲解题时，不是直接对题目进行讲解，而是让学生讲出自己解题的思路。要从问题根本出发，理解为何要如此解决，有没有更加便捷的处理方式，在形成独立思考能力后，面对同一概念的各种变形都能解决。长时间重复，学生不仅会对学习的内容进行思考，同时也对思考过程和思维方法本身进行思考，这有利于培养学生独立思考的能力、养成独立思考的习惯。

智力技能的形成需要经过练习。这一练习过程要经历物质和物质化活动阶段、出声的外部言语阶段、不出声的外部言语阶段、内部言语活动阶段这一系列过程。在教学中，教师应给学生提供条件以便学生用来进行这种展开形式的分步练习，并使学生在练习中能按模式将智力活动的程序逐一地展现出来，并将展开的形式逐渐概括化，从外向内，成为自动化、熟练的活动，从而促使学生智力技能的形成。①

例如，我国古代著名的"鸡兔同笼"问题。

解法一：列表枚举法，通过表格形式列举出所有鸡的数量与兔的数量，并数出总脚数与总头数，将每一组数与问题数量对比，得出结果。这种方法解题简单，容易理解，但解题过程太过笨拙、烦琐、耗时。

解法二：抬腿法，这是古人的解题方法，也是《孙子算经》中使用的方法。抬腿，即鸡"金鸡独立"，兔两个后腿着地，前腿抬起，腿的数量就为原来数量的一半。现在鸡有一只脚，兔有两只脚。笼子里只要有一只兔子，脚数就比头数多1。那么脚数与头数的差就是兔子的只数。最后用头数减去兔的只数就得出鸡的只数。所以，我们可以总结出这样的公式：兔子的只数＝总腿数÷2-总只数。

---

① 章永生. 技能的形式［M］//章永生. 教育心理学. 石家庄：河北教育出版社，1999.

解法三：假设法，也就是现在最常用的方法之一。即假设全部都是鸡或全部都是兔，脚的总数与条件必然矛盾，根据这一矛盾进行调整，从而找到答案。

解法四：方程法，对于鸡数和兔数未知而进行未知数 x、y 的表示，x+y=总头数，2x+4y=总腿数，进行方程求解，得出答案。

从部分到整体的指导练习。学生的智力技能需要达到熟练、灵活运用的水平，要经常进行解题练习，让学生在实际操作中学会从部分到整体的解题方法。比如，数学解题，可分解为审题、解析、列式、运算、验算等技能来进行；写作，可分为审题、立意、布局、谋篇等技能进行。这种复杂的智力技能，宜采取从部分到整体的培养方法。[①]

（二）学习活动

智力技能是在智力动作形成基础上确立起来的。以加尔佩林（Пётр Яковлевич Гальперин）为代表的苏联心理学家，从20世纪50年代起就对智力动作的形成问题进行了研究，并创立了智力动作按阶段形成的理论。该理论认为，智力动作是外部物质活动向反映方面——表象、知觉和概念方面转化的结果。

五、如何提升智力技能

智力技能中有许多类，下面列举两种技能的培养方式。

（一）逻辑思维

如何培养自己的逻辑思维，这是一种技术，但总是有一些人无法领悟真谛。事实上，有一个更根本的原因，也就是我们需要每一个知识点来支持我们的逻辑结构。例如，我们想去一个地方。人生活在这个城市，就知道到达目的地有很多方法，可以通过自行车、公共汽车、火车、高铁、船、飞机等

[①] 章永生. 技能的形式 [M] //章永生. 教育心理学. 石家庄：河北教育出版社，1999.

方式。我们可以有这么多种逻辑思维来解决这个问题。

通常情况下，我们解决问题的逻辑思维是相似的，当我们逻辑混乱做事艰难时，就像走路找不到方向一样。那必然是我们缺乏知识的结果，所以我们需要不断充实知识，才能做到游刃有余。当我们具备足够的知识点来支撑我们的思维时，那应该如何培养我们的思维方式呢？其中一种逻辑形式就是树枝。树枝和连接点以树的形式构成了思维的逻辑结构。由点到线到面形成整个思维网络，由一个点的想法散发出好几个点，而这些点分别进行更多的发散，就犹如树枝分权一样，构成不同层次大面积的思考，经过几个星期的练习，我们的脑海中的想法会源源不断地涌现出来。

推荐书籍：

《简单的逻辑学》作者：D. Q. 麦克伦尼

《逻辑思考力》作者：西村克己

《你以为你以为的就是你以为的吗》作者：朱利安·巴吉尼

《未来在等待的人才》作者：福原正大

《系统之美》作者：德内拉·梅多斯

（二）空间思维

发展空间想象能力是培养空间思维能力的核心。空间主要研究现实世界中的物体和几何图形的形状、大小、位置关系及其变换。空间观念的培养就是让学生认识、了解、探索并掌握我们的现实生活空间，形成理解空间和把握空间的能力。空间观念从理念变成学生的一种能力，还需要深入进行研究和探讨，需要在教学实践中不断探索有利于学生形成空间观念的教学方式。

学生要多动手、多观察，在长期训练之后形成空间表象。相当于智力技能的提升，所有的技能都离不开大脑的思考。在小学的手工课上，培养学生看一看、量一量、画一画、折一折的实践能力，对空间有个大概的了解，形成表象记忆。

观察比较，让学生有意识地想象。中学学习的平面几何、立体几何以及与空间想象有关的数学题，都是在锻炼我们的空间思维能力。在大学学习的与空间挂钩的制图等专业知识，就是在引导学生经常运用图形的特征去想象，以此解决生活中遇到的各种问题，以促进学生空间想象力的发展。

推荐书籍：

《想象力统治世界》作者：心放

《银河系漫游指南》作者：道格拉斯·亚当斯

《世界尽头与冷酷仙境》作者：村上春树

六、智力技能的习得

（一）概念的学习

1. 具体概念

具体概念指的是能通过直接观察、发现归纳学习获得事物的本质特征。在日常的学习过程中，通过预习和复习进行的知识储备与技能的学习。预习时熟悉知识点概念，对这一内容有一个大致的了解。在复习时，进行总结归纳，形成较为完整的知识面或知识网。

2. 定义性概念

定义性概念是指不能直接观察获得事物的本质属性，需要通过直接讲授定义获得。通过老师授课，了解到的书本以外的知识与在实践中积累的经验，将这些全部运用于实际生活中。

通过对两个概念的学习，可以在智力技能的学习中也受益。

（二）规则的学习

列举出的三种学习的方法，皆可运用到解决数学问题和处理一些实际的问题中。

1. 方法一：例规法，学习分析一些例子，然后从例子中概括出结论。此为自主学习中最常使用的方法，在诸多的例题中寻找规律，得到一个肯定的结论，而这个结论一般能用于这些例题的各种变式中。

2. 方法二：规例法，学习理解规则的含义，然后通过实例加深对规则的理解和应用。在我们的学习生涯中，大多数时候对于概念的学习是通过老师的解释，此方法就是通过对一个已知定义的理解，将其运用到例题中，使得对此定理有更加深入的了解。

3. 方法三：例规例法，先呈现一个例子，得出一个假设，然后用大量例证进行检验。此方法多用于数学题的证明题中，对条件做出假设，通过已知知识点对其进行论证证明其正确与否。

智力技能涉及方方面面，影响着我们在各方面所表现出来的行为，由大脑的多项程序一步步执行，对外界事物做出反应。当我们将自己的智力技能提升到一定的高度，能够熟练掌握各项技能时，那我们离智力技能复合型人才的距离也就更近了一步。

【案例】

湖南农业大学经济学院的蒋瑶是一名全方位发展的优秀大学生，在学习上，连续两年名列专业第一，被评为2015—2016年校"三好学生"，并将自己在学习中的收获和体验与同学分享。在大二学年，取得平均分94分的好成绩，综合测试排名专业第一，获得国家奖学金。同时利用周末时间辅修会计双学位，认真完成课程内容，成绩均合格，并通过大学英语四六级考试，考取会计从业资格证、证券从业资格证。在工作方面，大一时加入经济学院辩论队和演讲与辩论协会，主持过十余场辩论赛，包括第十四届校"舌战浏阳河"决赛，被评为"优秀主持人"。大二担任经济学院辩论队队长，被评为第十五届"舌战浏阳河"辩论赛校十佳辩手。在思想上争取进步，树立了良好的人生观和道德观，在大二下学期被评为"优秀团员"。在生活方面，勤俭节约乐于助人。参加院青年志愿者协会举办的工友之家和慧灵之行志愿者活动，被评为院"优秀青年志愿者"。在寒暑假时，也坚持学习，获得了全国大学生英语竞赛C类二等奖、CCTV"希望之星"英语风采大赛市决赛二等奖。

从她身上我们能看到，她将一般智力技能的学习向不同方面发展，学习、生活、工作、比赛在大学的几年时间里都有条不紊。从她连续两年专业第一的好成绩能看出，她对于特殊智力技能的习得有着非常完善的认识与提升。就像前文所说，学生可以利用所掌握的技能以及生活中学习到的经验，应用于遇到的各类问题，使问题得到解决。这样一位德智体美劳全面发展并在各方面都取得优异成绩的学生，她对于大学生活中遇到的各种问题，必定不止一种解决问题的方式。

【问题】

1. 从蒋瑶的学习经历中，我们能学到哪些经验，作为大学生的我们如何在大学实现自我提升？

2. 从蒋瑶的学习经历中，如何理解"一般智力技能只能通过特殊智力技能来得到表现，而特殊智力技能又必须建立在一般智力技能基础上"这句话？

第四节　动作技能的学习

【案例】

动作技能的学习贯穿我们的生活和学习，对我们的影响是潜移默化的。就拿体艺学院学习之星参赛选手刘嘉璐琳来说，她的专业就和动作技能的学习有着千丝万缕的关系。刘嘉璐琳学习的是体育舞蹈，国际标准舞的特点是律动性、规范性、艺术性、娱乐性、健身性，而健身性体育舞蹈的特点是健身性、民族性、娱乐性、教育性、时代性，但是它们都有相同的特点。第一个方面，体育舞蹈的教育功能。①可以促进青少年身体的健康发育和形体的健美发展；②有利于青春期的智力开发；③培养青少年的团队意识，提高社会适应能力；④开阔青少年的艺术视野，进行素质教育。第二个方面，体育舞蹈的社会功能。包括健身、文化娱乐功能以及社会情感功能。并且体育舞蹈比赛的评判要素就包括：①基本技术，包括身体的姿态，足部动作，舞蹈过程中的平衡稳定和移动；②音乐表现力，包括节奏，风格的理解和体现；③舞蹈风格；④动作编排；⑤临场表现；⑥赛场效果。体育舞蹈比赛的计分规则是：一是单项舞顺位规则。在各位次上领先获得过半数裁判判定的选手便获得该顺位的名次。二是能顺位规则。将总分顺位表的单项名次数相加，按合计数字的大小来排列选手名次，数字小的名次列前。对于每个学生来说，所要面对的不仅仅是学习，还要学会应用，而对于体育学院的学生来说，专业技能运用最多的就是竞赛。

  刘嘉璐琳介绍道，体育舞蹈竞赛的特点是：①主持人制；②比赛与表演相结合；③"淘汰"与"顺位"结合的比赛方法；④评分特点（快速判定结果）。体育舞蹈竞赛的种类主要有：一是国际赛事，职业舞协会"世界舞蹈与体育舞蹈理事会"，简称WDDSC；业余舞协会"国际体育舞蹈联合会"，简称IDSF。二是国内比赛。包括锦标赛、公开赛、城市锦标赛、精英赛、邀请赛、对抗赛、团体锦标赛等。体育舞蹈竞赛编排原则是：①符合规则和国际惯例；②有利于选手技术水平的发挥和公平竞争，有利于裁判组和计分组工作；③标准舞拉丁舞交叉编排；④各场次中包含各组别比赛；⑤一个组别的比赛最好在一天内完成，若不能在一天内完成，也应当尽量把初赛复赛放在一个单元内进行，半决赛和决赛放在一个单元；⑥高组别精彩比赛放在最后。体育舞蹈教学方法的特点和动作技能的教学特点也有着极大的相似性，它们都在追求实践性、双边性、整体性、继承性、发展性。

  对于动作技能的学习，主要有四大点：动作技能的定义、动作技能的分类、动作技能的组成和特点、动作技能的形成与掌握。

一、动作技能的定义

动作技能也被称为运动技能或者操作技能。比如，我们日常生活的写作、绘画，音乐中的吹拉弹唱，体育中的田径、球类、游泳、体操、射击运动，交通方面的驾驶、骑行等都在运动技能的范围内。

但是对于动作技能，不同的心理学家对其有不同的定义。例如，克伦巴赫（Lee J. Cronbach）认为："最好是把技能定义为习得的，能相当精确执行且组成的动作很少或不需要有意识注意的一种操作。"美国心理学家安妮塔·伍尔福克（Anita Woolfolk）却把动作技能看作是"完成动作所需要的一系列身体运动的知识和进行那些运动的能力"。加涅则认为："动作技能实际上有两个成分：一是描述如何进行动作的规则；二是因为反复练习而逐渐变得精确和连贯的实际肌肉动作，从而产生肌肉记忆。"

那么到底该如何去定义动作技能呢？

大多数心理学家认为，运动技能是一种后天习得的能力，经常表现为身体快速、准确、流利和熟练地移动，它是人类有意识、有目的地利用身体动作来完成一项任务的能力。

在这里我们需要特别注意的一个地方是，大家对于动作技能的理解常常会出现一个误区：把动作技能当作是条件反射。

动作技能和条件反射是有一定的区别的，动作技能的发生总是会包含精细的肌肉运动，它既存在于要求使用某种装置的任务中，例如，打字、骑行、打球、绘画等方面；也存在于不要求使用装置的活动中，如竞走、唱歌、练拳、游泳等。而像当人遇到轻微的刺激，然后迅速做出眨眼反应，这一反应就不属于动作技能的范畴，因为它属于随意动作，它是先天具有的反射；我们经常做的一个动作：握手，它也不是动作技能，因为握手只涉及了大肌肉群的运动，并没有涉及小肌肉群的精细协调。

二、动作技能的分类

（一）连续的和不连续的动作技能

连续的动作技能需要对外部情境不断进行调节，而且完成动作需要较长的序列。在日常生活中如骑自行车、开汽车、跳舞、弹琴、滑冰、打字等活动需要用连续的技能。

不连续的技能则只包括较短的序列，其精确性可以计数。如投篮、举重、射击、投标、紧急刹车等动作都是典型的不连续动作技能活动。

（二）封闭的与开放性的动作技能

根据外部条件的变化，连续和不连续动作技能可分为封闭和开放两种。例如，驾驶汽车是一种持续开放的运动技能，因为在车辆行驶过程中，外部条件不断变化，驾驶员需要根据外部环境的变化不断调整操作。例如，撑竿跳高就属于连续的封闭动作技能，因为在每次试跳时，外部环境保持不变；射击，它是不连续的封闭动作技能，而刹车则是不连续的开放动作技能。

（三）细微型与粗放型动作技能

细微型动作技能是依靠小肌肉群的运动来实现的，一般不需要剧烈的大动作，而是依靠相对狭窄的空间域进行手、脚、眼巧妙地协调运动。例如，打字、弹琴就属于此类动作技能。

粗放型动作技能则是依靠大肌肉群的运动来实现的，在执行的时候会伴有强有力的大肌肉收缩和通过全身运动的神经、肌肉来协调运动。例如，掷铁饼、举重、标枪就属于粗放型动作技能。

（四）徒手型与器械型动作技能

所有依靠操作自身的机体来实现的动作技能都属于徒手型动作技能，例如，自由体操、跑步等活动就是徒手型动作技能。

而需要通过借助操作一定的器械来实现的动作技能叫作器械型动作技

能，例如，单杠、双杠、高低杠、平衡木等活动。①

三、动作技能的组成和特点

动作技能由动作成分、知觉能力和体能三个部分组成。

（一）动作成分

动作成分的两个要素分别是反射动作和基本动作。

1. 反射动作

反射动作是指在中枢神经系统的参与下，个体对内部和外部环境刺激所做的有规律应答。

2. 基本动作

基本动作指的是由一系列反射动作的结合而形成的固有的动作方式，例如，跳跃、跑步、拉、推等都是基本动作。基本动作可以细分为操作动作、位移动作、抓握动作、灵活动作和非位移动作等。②

（二）知觉能力

知觉在完成运动技能任务过程中起着不可替代的作用。当知觉不存在时，往往导致个体不能完成一定的运动技能。知觉能力是在动作技能领域中个体对于刺激环境的协调能力和准确感知。

（三）体能

体能是人体各器官的运动能力，也是学生学习和掌握技能的基础和条件。技能的掌握不仅受到体格、反应时间和感官灵敏度的影响，还受到力量、耐力、柔韧性和敏捷性的影响。

作为一种活动方式，动作技能主要有下列四个特点。

---

① 章永生. 技能的形式 [M] //章永生. 教育心理学. 石家庄：河北教育出版社，1999.
② 叶奕乾，何存道，梁宁建. 普通心理学 [M]. 2版（修订版）. 上海：华东师范大学出版社，2004.

1. 物质性

动作技能的活动是由一系列的动作组成的。动作是活动系列的构成单位，是主体对动作对象所做出的影响。就动作对象而言，动作技能的对象是肌肉或者物质性客体，所以动作技能具有物质性的特点。

2. 外显性

就动作技能的进行来说，操作动作是由外部现象的肌体来实现的，具有外显性，是摸得着、看得见的。例如，学生的广播体操做得好与坏、整齐与否，通过观看就可以得出结论。

3. 展开性

动作技能就该技能的动作来说，操作活动的每个动作必须切实执行，不能合并也不能省略，所以在结构上具有展开性的特点。比如，学生做广播体操必须从第一节开始，并且按照一定的顺序做完，不能够有跳跃或者省略地去做。

4. 牢固性

动作技能是经过大量的练习之后获得的，经过反复学习的技能是很难遗忘的。许多动作技能是以连续的形式出现的，连续的任务相对简单，所以不易遗忘。值得一提的是，动作技能不同于语言知识，它可能比脑的其他部位有着更大的保持动作痕迹的能量。[①]

四、动作技能的形成与掌握

要想形成和掌握动作技能，我们首先要清楚，有哪些因素会对动作技能的形成有影响。

（一）规则的掌握

在动作技能形成中，非常重要的一个步骤是正确掌握动作技能的规则，

---

① 章永生. 技能的形式 [M]//章永生. 教育心理学. 石家庄：河北教育出版社，1999.

也是形成动作技能的基础。

1. 示范

老师在给学生教授技能时通常都会先做示范，这样学生能够更容易掌握技能。不同的示范也会对动作技能的学习产生不同的影响，通过一系列的实验，将解说和示范结合起来，一边示范一边解说，这样更有助于学生学习、掌握动作技能，学生掌握需要的时间和难度都会有所减少，提高教学效率。

2. 反馈

对于动作技能的学习和形成过程来说，反馈是很重要的一部分，我们将反馈分为固有反馈和增补反馈。

练习者不依赖外来的帮助，自己可以获得的反馈是固有反馈，即反馈信息是来自学生自身的。例如，学生的肌肉感觉或者对自己的行为结果进行直接观察。

增补反馈是学生得不到固有反馈信息，而是由外部给予得到反馈信息，它具有信息功能和动机功能。常见的增补反馈有两种：结果的知识、变现的知识。

3. 练习

练习指的是进行反复操作的过程，以掌握一定的技能为目标。只有通过不断的练习，我们才能更好地掌握动作技能，并且更好地运用动作技能。

练习通常会有一定的规律：开始的时候会进步较快。在练习到中间的过程时，会有一个明显的，或长或短的停顿期——高原期现象。当我们到达高原期时，经过一个阶段的坚持是会继续进步的。

（二）过程的了解

动作技能的学习和掌握是一个循序渐进的过程，我们常常将形成动作技能的过程分为三个阶段。

1. 活动的定向阶段

活动的定向指的是学生对活动方式的了解，以及在思维中对行动的反应,这是动作技能形成的首要环节。但是,要达到学生对活动方式的了解必须具备一定的条件和要求。

首先是要做示范动作,并且示范动作一定要规范、正确。先进行整体的动作示范,开始的动作速度不要太快,然后再进行分解动作的示范,并对相似动作进行重点讲解与区分,这样让学生能够更加具体地学习动作。

我们可以尝试在讲解的同时演示动作,使学生更好地理解活动的结构,准确地了解活动的组成,从而让学生更好地掌握完成每个动作的原则和方法。

2. 模仿动作阶段

从反映论的观点来看,模仿是个体反映客体的一种特殊形式,也就是对别人的动作、行为和心理活动的反映。模仿不仅是人们掌握运动技能的基本途径,也是掌握运动技能的重要阶段。

在模仿动作阶段,学生的活动通常是缓慢、不准确和灵活度较差的。在模仿过程中,初学者通常表现出动作之间的协调性不足,两者之间经常有干扰,有时会合并一些不必要的冗余动作,如初学者学习写字时,手指会握住笔柄,面部肌肉会很紧张,可能出现头部倾斜、眼睛斜视、嘴唇噘起等动作。在控制动作时,许多动作往往需要监督才能完成,无法分配注意力,在自我感觉上,也会感到紧张和疲倦。

3. 动作的熟练阶段

熟练的动作是通过多次练习来实现的,它标志着掌握操作技能的高级阶段。当执行熟练阶段,其运动特点是敏捷、灵活、稳定和正确的。动作也将变得协调一致,多余的动作将消失,动作序列将被高度简化,单个动作将被连接成一个完整的系统,并且在这些动作之间会有一个稳定的序列。除了这些变化外,张力也会逐渐消失,疲劳程度也会大大降低,视觉监控大大减少,运动知觉控制增强,注意力分配能力增强。

动作技能形成的标志就是达到了熟练操作,正如我们常说的熟能生巧,练习者根据情况的变化，能够迅速、准确、流畅、灵活地完成动作，能够自动地完成一个接一个的动作，几乎不存在有意识的控制。

（三）熟练动作的主要特征

1. 活动结构的改变

首先，在动作之间有一个结合。也就是说，局部动作将被组合成一个完整的动作系统。

其次，动作之间的相互干扰的现象不会再出现。会形成运动程序的记忆图示，局部动作综合成一个大的连锁动作，并且内部的程序会控制动作。

最后，动作会变得更加简洁。例如，学生在音乐中学习做广播体操，当学生们将八节体操很顺利、流畅地完成时，那就是动作技能形成了。

2. 活动速度加快、品质变优

这个就表现在局部动作联合成为一个动作系统，在单位时间内完成的动作数量会有所增加，并且动作会协调、稳定、准确和灵活。动觉反馈作用会有一定的加强，从而达到错误被排除在发生之前的目的，大大提高了动作的准确性。在不利的条件下也能够维持正常的操作水平。例如，跳水、武术等技能的形成。

3. 活动调节上视觉控制减弱，动觉控制增强

能够在少用视觉甚至是不用视觉的情况下，完成系列连锁动作。

4. 意识减弱

当动作技能达到熟练的程度之后，动作系统会接近自动化，有意识注意控制会减弱，以达到降低神经紧张的目的，从而使疲劳感减轻。意识控制会有一定幅度的减弱，动作会逐渐自动化。

（四）动作技能练习的要点

人们的技能是后天形成的，不是天生就有的。动作技能是通过不断练习获得的，所以技能形成的基本途径是练习。

但练习不同于机械重复，它是一种有目的、有组织、有引导的活动，它

是一个重复活动的过程，它不断地提高一定的运动或智力活动，并逐渐熟练和完善。所以在练习过程中，我们必须注意以下六点。

1. 明确练习的目的与要求

想要做好一件事情，就必须明白做这件事情的目的，也就是知道它的重要性。知道这件事的重要性之后就要一步一步地规划好它。掌握练习的要求可以帮助我们更好地完成它，提高做事的效率，得到一个理想的结果。

2. 掌握练习的方法和有关的基本知识

学生学习知识应该要有一个好的学习方法，掌握了好的学习方法后在学习过程中可以达到"事半功倍"的效果。这就是许多人花在学习上的时间少也会取得很好成效的原因。与此同时，也必须具备一定的专业的知识，在练习前如果具备了相关的知识，知道为什么要这样做，练习起来就有足够的信心。

3. 练习必须有计划有步骤地进行

练习首先要按照循序渐进的原则，先简后繁，及时帮助学生解决练习中的难点并克服遇到的困难，以获得稳定的进步与提高。其次，要正确掌握练习的速度，注意练习的准确性。

4. 练习次数与练习时间的适当分配

要有足够的练习次数或练习时间才能形成和保持技能。练习达到了一定程度，技能才能巩固。但是我们必须注意，练习时间和练习次数应该是有适当的分配的。如果练习的次数太多，不仅浪费时间和精力，而且容易疲劳，很容易对练习产生消极态度，练习的兴趣会降低，也无法达到理想的练习效果；如果练习时间太短，也得不到好的学习效果。

5. 让学生知道自己练习的结果

要及时让学生知道自己的练习结果，以便及时了解自己，知道自己的薄弱之处在哪里，又有哪些地方是自己的优势。不断地激励自己，提醒自己取得更好的学习效果。

6. 练习方式要多样化

采用多种方式方法进行练习以提高学生的兴趣。

第五节　关于学习态度的思考

学习是一生的事，古人就曾言："少而好学，如日出之阳；壮而好学，如日中之光；老而好学，如秉烛之明。秉烛之明，孰与昧行乎？"然而，学习的过程中往往容易受到外界的影响，个人的态度对最终的学习成果起到了决定性的作用。何谓态度，指的是个体对特定的对象所持有的心理倾向，这种心理倾向是稳定的，而且蕴含着个体的主观评价以及由此产生的行为倾向性。

一、态度的构成

迈尔斯（Myers）的研究指出，态度的结构涉及了三个维度，即情感、行为意向和认知。

（一）情感

情感因素指的是每个人对态度对象的情感体验，如热情—冷漠、喜爱—厌恶、同情—憎恨、尊敬—藐视，等等。

（二）行为意向

行为意向的因素指的是个人对态度对象的行为或反应所进行的一系列的准备或倾向状态，也可以说是个体对态度对象做出的各种反应。

（三）认知

认知因素指的是个人对态度对象所带有评价意义的叙述，而有评价意义的叙述内容包括对态度对象的认识、了解、理解、相信、怀疑、反对、赞同等。

二、态度的转化过程

（一）服从或顺从

人们为了获得精神与物质的报酬或者避免惩罚而采取的表面的服从行为。

（二）同化

人们自愿地而不是被迫地接受他人的信念、观点，使自己的态度与他人要求一致。

（三）内化

人们能真正地接受并从内心深处相信他人的观点，从而彻底地改变自己原有的态度，这是真正相信新的观点和思想，意味着人们已经把这些观点和思想纳入了自己的价值体系之内，使之成为自己的态度体系中的一个组成部分。

态度形成与学习之间的关系可以用学习理论来说明。学习理论是由霍夫兰德（Carl Hovland）和他耶鲁大学的同事提出的，该理论假设人的态度和其他行为习惯一样，都是后天习得的。态度的学习有三种机制：一是联结，把特定的态度与某些事物联系在一起；二是强化，受到奖励也有助于我们形成对某些事物的态度；三是模仿，通过模仿榜样人物的态度而形成，如孩子经常模仿父母的政治与种族态度。

三、态度在沟通中的重要性

态度占沟通成败概率的60%，技术和口才只占40%，所以态度是沟通成败的关键。

一个人在沟通过程中，由于对沟通对象信任程度的不同，所采取的态度就会有所差别，如果态度不好、不端正，那么沟通的效果肯定无法达到预期。因此，如果态度问题没有得到解决，那么实际的沟通效果是无法达到预期的。在实际沟通过程中，可以把沟通态度分为以下五类。

1. 强迫性

果断，缺乏合作，如上级与下属的沟通，父母与子女之间的沟通。这种态度是很难达成共识的。

2. 回避性

下决定不果断，也不与你合作。

3. 迁就性

下决定不果断，但愿意合作且态度很好。不论你说什么，他都同意。这种态度就像是在实际沟通过程中下级与上级的沟通，下级更多地表现出迁就上级的态度。但是这样的沟通，失去了沟通的意义，无法从中得到真正反馈。

4. 折中性

有一些果敢性，也有一些合作性，态度较为圆滑。

5. 合作性

是真正沟通的态度，既积极地合作，又敢于承担责任。这样的沟通较其他的沟通方式更容易得到反馈，达到共同的协议。

沟通最佳的态度就是用心听对方在说什么，不计较他说的方式。首先需要做好情绪管理，再与对方进行沟通；在沟通过程中不能欺骗对方，但也不能直接说心里话，要说最妥当的话。"和""敬"是与人处事沟通最重要的态度，"和能成事，敬能安人"，"和"才能让事情圆满，学会让步，接受、包容、融合，这样才能和和气气地继续合作；"敬"就是敬人敬己，尊敬对方，对方就会客客气气地回敬你。为此人们经常通过说服去改变他人的态度，说服也成为改变他人态度最好的办法。

四、态度的功能

卡茨在研究中提出态度有四种基本功能。

（一）工具性功能

也叫适应功能，它是人们寻求酬劳、认可和赞赏，形成一些与其他人要求一致且与奖励联系在一起的态度，从而避免那些与惩罚联系在一起的态度，比如，适应功能最好的体现就是孩子们对他们父母的态度。

（二）认知功能

态度可以为个人提供必要的信念，这有利于保持有意识的意识状态，并做出正确的定向行为，充当心理框架。

（三）自我防御功能

决定个体行为的内在动机是态度，这种态度能够促进个体心理冲突的解决，并增加对挫折的忍耐力，以及增强自信心，达到预期目标，这种观念来自精神分析的原则。态度有时也反映出一个人无法澄清的人格问题，而态度作为一种自卫机制，能让人在受到贬低时来保护自己。

（四）价值表现功能

态度可以展现我们的核心价值表现。比如，一位青年人热衷于参加志愿者活动表达对社会的责任感，而这种责任感正是其核心价值的体现。

五、态度的特性

（一）社会性

态度是人在社会生活中经过一定的体验后，积累经验而形成的，所以有社会性，受到社会环境和社会关系的影响。

（二）具体性

态度是个体对特定的观念、物、事或人的一种稳定的心理倾向，而所谓"特定"，是指具体的态度对象，针对某一观念、某一个物、某一件事，或某一个人而言。

(三) 协调性

如上所述，态度是由行为倾向、情感和认知三个成分组成的，而只有当这三种成分相互影响、协调一致时，才能形成稳定的心理倾向。

六、态度的影响因素

(一) 人际关系

在社会生活中，同伴对个体具有不可小觑的影响力，人们总是会无意识地受到同伴的观点、态度、意见的影响。而个体在儿童时期，父母、教师带来的影响较为明显。苏联的心理学家维果茨基（Lev Vygotsky）曾说过："人之所以会变成他自己，是以他人作为参照系来对照自己的行为而产生的结果。"因此，人际关系与态度是密不可分的。

(二) 个体的心理特征

在人们态度的形成和发展过程中，社会所给予的惩罚或者奖励发挥了非常重要的作用，如果一个人的个性、智力得到全面和谐的发展，那么他态度的形成就会相对容易些，反之就比较困难。比如，在面对社会情境的时候，智力水平高的人就会很容易建立自己的态度，而那些智力水平不高的人，无所谓自己态度的形成，就会很容易受到周围环境的影响。

(三) 个人经验

经验与个人态度的形成有着密切的联系，生活实践证明，很多态度是由于经验的积累与分化而慢慢形成的。例如，山东人喜欢吃大葱，四川人喜欢吃辣椒，就是由于长期的经验而形成的一种习惯性态度。当然，偶然事件的发生也会形成某种态度，这种情况有时也会出现。比如，有个人在某一次逗狗的过程中，被意外咬伤了，他从此以后很有可能就不再喜欢狗了，甚至是害怕狗，即所谓"一朝被蛇咬，十年怕井绳"。

七、态度的相关理论

（一）学习理论

学习理论认为，人们能像获得概念、事实、思维方式、思想意识和习惯一样去获得态度。事实结合和情绪会引起态度的发展与改变。心理学家普遍认为：环境刺激会引起情绪反应，如触景生情、赞赏、奖励和社会承认会持续促进心理倾向，对个体态度产生积极影响。人们可以通过学习来模仿他人的行为，态度也是如此，可以通过学习来模仿态度；其他态度的发展变化也可能会影响其他态度的发展。

（二）认知理论

海德（F. Heider）的态度平衡理论强调人与人之间的相互影响对态度转变的作用。海德认为，在人们的态度系统中存在某些评价因素之间或情感因素之间趋于一致的压力，即假如出现不平衡，就会向平衡转化。海德指出，当人们改变态度时，他们倾向于遵循"费力最小原则"，即个体尽可能少地改变情绪因素，以保持态度平衡。

奥斯古德（Osgood）的一致性理论认为：一致性原则支配着人们的思维。人们总是通过改变态度来达到一致性，如果产生不一致，立马就会产生心理压力，从而在增加一致性的方向上改变对一个人的评价，从而再影响另一个人的态度。例如，"酒逢知己千杯少""话不投机半句多"，都在一定程度上体现了该理论。

卡兹（Katz）和史密斯（Smith）的功能主义理论认为：人们选择的态度是符合特殊心理需要的态度，把个体内在需要与态度联系起来，人的态度服务于心理功能，人如何选择态度依赖于个体的利害关系。

（三）强化理论

强化理论强调在态度转变中强化、联想和模仿的作用。该理论有两种观点：观点一，态度就是对环境刺激的一种反应，就像改变行为一样，态度的改变会有强化因素的参与；观点二，当本人态度与个体面对的强化物要求的态度不同时，就会产生心理矛盾，会按照强化物的态度或者自己的态度做出反应，当诱因足够强大时，态度就会发生改变。

（四）认知失调理论

费斯汀格（L. Festinger）的认知失调理论认为，态度的改变是为了维持各项态度之间的一致。如果态度中存在两种认知不一致，就会导致认知失调，如果失调认知的成分多于协调认知的成分，就会导致更大的失调，认知失调给个人造成心理压力使个人处于不愉快的紧张状态。此时，个体就会产生缓解紧张、清除失调的动机，通过改变态度的某些认知成分来达到认知协调的平衡状态。费斯汀格认为，认知失调的产生有四种因素：文化价值冲突、逻辑的矛盾、新旧经验相悖以及观念的矛盾。比如，"我喜欢看书"和"看书使我增长知识"，这就是协调的，而"我喜欢看书"和"看书会使我视力下降"，这就是不协调的。

作为当代大学生的我们，最应该了解和学习的是学习态度。什么是学习态度？通常指的是学生在学习和学习情况中表现出的一种相对稳定的心理倾向。它通常可以从学生对待学习的情绪状况、注意状况和意志状态等方面进行判断。学生的学习效果、学习效率与学习态度是密切相关的，而在这三者之中，学习态度的养成显得至关重要，学习态度好，学习的时候就会更认真，这样就能提高效率。

在培养教育过程中要注重以下三方面。

1. 培养学生对学习的积极态度

长期以来，教师关心的是学生对教学内容的接受程度、学习效果如何、教学成绩如何，而对学生积极的学习态度的培养较为薄弱，没有花大的精力在这一方面，而事实上学习态度也影响学生学习效果，所谓"磨刀不误砍柴工"，在贯彻落实课本理念的同时，教师不能忽略培养学生积极的学习态度。

而后现代教学理论认为，教学事件是由师（教师）生（学生）和多媒体

（教学工具）三者共同相互作用的一组过程。学习效果的好坏不完全在于教师水平的高低，而是受学生学习基础、学习态度等诸多因素的影响。在教学实践中，学生的学习态度直接影响学生对教学内容的消化与吸收，在学习的过程中起着至关重要的作用。如何激发学生的学习兴趣，充分调动学生的主动性、积极性，发挥学生的潜能，改变学生的学习态度是关键。

2. 创造良好的育人环境，引导积极的学习态度的养成

学习态度不是先天就有的，而是后天习得的，由此看来，良好的学习态度和育人环境息息相关，一个好的生活学习环境更能激发良好学习态度的养成。

3. 多途径转变学生的学习态度

提高学习效果，可以通过说服学生转变对学习的错误认识，帮助学生在学习上获得成功，消除学习中的消极情绪，也可以通过改革教学方法，激发学生的学习兴趣，转变学生学习态度。

拓展阅读

四块糖果的故事

在陶行知先生当校长时，有一天，他看到一位男同学用砖头砸人，便将其制止，并叫他到校长办公室去。当陶校长回到办公室的时候，男孩已经在办公室等着了。

陶行知先生掏出了一颗糖给这位同学："这是奖励你的，因为你比我先到办公室。"接着他又掏出了一颗糖，说："这也是给你的，我不让你打同学，你立即住手了，说明你尊重我。"

男孩将信将疑地接过第二颗糖，陶先生又说道："据我了解，你打同学是因为他欺负女生，说明你很有正义感，我再奖励你一颗糖。"

这时，男孩感动得哭了，说："校长，我错了，同学再不对，我也不能

采取这种方式。"于是陶先生又掏出一颗糖："你已认错了，我再奖励你一颗。我的糖发完了，我们的谈话也结束了。"

陶行知先生的这个小故事在今天仍具有积极的教育意义。它告诉教育者们在对待学生问题上，要透过现象看本质，从消极面中发现积极因素，及时鼓励，用春风化雨的方式，循循善诱引导学生认识问题。先生没有责备这个学生，没有让他写检查，也没有叫家长，反而用一种宽容的态度去对待这个学生，这可以让犯错的同学更好地认识到错误。同时，这也说明在教育中，"没有调查就没有发言权"。

第六节 学习的动机

【案例】

付思嫚同学成绩优异，有着扎实的专业知识、过硬的实际运用能力和问题的分析与处理能力。在思想上，她主动加强政治学习，充分利用思政课，认真学习马克思列宁主义，并把它与毛泽东思想、邓小平理论、"三个代表"重要思想、科学发展观和习近平新时代中国特色社会主义思想紧密结合起来，深刻体会中国特色社会主义的发展。利用课余时间她认真学习党史和党章，了解我们党的光辉奋斗史。关注时事政治，及时学习党中央颁布的决策和决议，在思想上和党组织保持高度一致。通过这一系列的学习，她提高了自己的政治思想水平，并且懂得了理论上的成熟是政治上成熟的基础，政治上的清醒来源于稳固的理论基石。特别是通过党组织的培养教育，她加深了对党的认识，增强了党性的修养。大学期间一直追求进步，大一参加了入党积极分子培训，并以良好成绩结业。大二获得了"校优秀团员"的称号。大三经过组织考察，成为一名光荣的预备党员。

在学习上，她成绩优秀，踏踏实实，一步一个脚印。大一通过了计算机二级考试，获得了"国家励志奖学金"以及"校三好学生标兵"的称号；大二获得了"校一等奖学金"以及"校三好学生"的称号，并通过英语四级考试；大三通过了大学英语六级考试并获得国家奖学金。在工作中，大一期间，她担任班级宣传委员，辅助班长和团支书完成班级管理工作。在学生工作中，大二上学年，她担任学院督导队网宣部副部长，积极建设学院微信公众号平台，为学院和学生建立沟通的桥梁，并获得了"优秀学生干部"和"校优秀团员"的荣誉称号。付思壂同学积极参与班级和院校的各项活动，如合唱团、校运会、校领导接待日，这不仅锻炼了她自身的能力，也为校园文化建设贡献自己的一份力量。在大四学年，她获得了学院的研究生推免资格并成功保送到湖南农业大学教育学院攻读职业教育学硕士研究生学位。

人生路途遥远，在竞争激烈的当今社会，未来不乏荆棘丛林，相信付思壂同学必将在今后的人生大展宏图。

清晨，当你站在街道旁看过往行人时，你也许会想，他们从哪来，他们又去向何方，是为了什么。这时，你是在思索人的行为的原因，或者说是在寻找行为的动机。"动机"顾名思义是指人的行为的内在动力。古人言："有始必有终"，可见世间万物都存在着某种联系与规律，掌握动机形成和发展的规律，就可以掌握人们行为的规律，提高活动效率，从而使人成为自己的主人。

所以，在探索学习的动机之前，我们先来简单了解下什么是动机。

一、动机的含义与功能

动机（motivation）是一个概括性的术语，它概括了所有引起、支配和维持生理和心理活动的内部过程。"动机"一词来源于拉丁语 movere，意思是"趋向于"（to move）。动机是对人的行为的激发和指引，是人渴望食物以及追求成就等愿望背后的力量。有人认为，动机是指行为的动力——人的行为开始、维持、导向和终止的动力（Petri，2003）。① 它具有以下三种功能。

(一) 激活功能

动机是个体能动性的一个主要方面，动机能够发动行为，能够促进个体产生某种活动，使个体由静止状态转向活动状态。比如，选择吃东西是为了解决饥饿问题，努力学习以获得好成绩，努力工作以获得别人的赞扬，交朋友以获得友谊。动机激活力量的大小是由动机的强度和性质决定的。根据一般的观点，中等强度的动机有利于完成任务。

(二) 指向功能

动机不但能激发行为，还能将行为指向特定的目标或对象。比如，在身体不佳动机的支配下，人们可能会去医院看病。

(三) 维持和调节功能

动机具有维持的功能，具体表现为行为的坚持性。当动机激发个体的某种活动后，这种活动能否坚持下去，会受动机的支配和调节。动机的维持作用，是由他预期目标的一致程度与个体的活动来决定的。当活动指向个体所追求的目标时，活动就会在相应动机的维持下继续进行；相反，当活动背离了个体所追求的目标时，进行活动的积极性就会降低，甚至完全停止。当目标受到挫折，成功的机会很小时，仍然坚持某种行为，这是因为其坚定的信念在支撑着这个目标，信念在这里起到了决定性作用。

因此，在我们的日常学习生活中，制定短期或长期目标时，有意识地合理利用这三个功能，对心理进行良性的刺激，有助于激发动机对学习的作用。在学习感到烦躁时，及时调整心态，提升学习兴趣与动力，不断从心理学角度对自己的心态进行深度的剖析认知，正确面对自己可能在学习中出现的消极心理，有助于我们在学习的道路上走得更长远。

---

① 刘志锋. 苏州市中学生体育参与动机与意志力相关性研究 [D]. 苏州：苏州大学，2017.

二、学习动机的分类

(一) 外部动机

外部动机是由个体所从事的活动以外的刺激诱发产生的动机。这种活动本身并不能给个体带来直接的满足，但通过这种活动却可以得到另外一种或多种效应，这种效应也就是活动以外的刺激。

1. 强化理论

由美国心理学家斯金纳（Burrhus Frederic Skinner）首先提出的强化理论是过程型激励理论之一。该理论认为，人的行为是对其所获刺激的函数。如果这种刺激对他有利，那么这种行为就会重复出现；若这种刺激对他不利，那么这种行为就会减弱，直至消失。所以，管理者要采取各种强化方法，使人们的行为符合组织目标。

2. 成就动机理论

成就动机（achievement motivation）是人们希望能够从事对他来说有一定困难的、具有挑战性、有重要意义的活动，在活动中能够取得优异的、完满的成绩和结果，并且能够超越他人的动机。具有成就需求的人，对成功和工作的胜任感有着强烈的要求，但他们同样也担心失败。他们乐意，甚至热衷于接受挑战，往往为自己树立有一定难度的而又不是高不可攀的目标；他们勇于冒险，但又能以郑重的态度对待冒险，绝不会以侥幸心理对待未来，而且会通过认真的估计和分析；他们愿意承担所做工作的个人责任，并希望得到所从事工作明确而又迅速的反馈。这类人一般不常休息，喜欢全身心、长时间地投入工作，并能从工作的完成中得到很大满足，即使工作中出现了失误也不会过分沮丧。总的来说，他们喜欢展示自己。

避免失败的动机（FA）、追求成功的动机（SP）。

SP>FA，成功，提高抱负水平；失败，降低抱负水平。

SP<FA，成功，反复做同样的事；失败，加剧对失败的焦虑。

阿特金森（Atkinson）的成就动机理论被认为是一种期望价值理论。

动机=预期的成功概率×成功的诱因价值

任务难度中等的时候，成就动机是最强的；简单的任务，成功率高，不利于动机增强；太难的任务，成功率低，不利于动机维护。

3. 目标设置理论

1985年，美国心理学家德西和瑞安（Deci & Ryan）提出了目标设置理论。目标与动机紧密地连接在一起，一旦动机被激发，人们倾向于采取目标导向行动去完成任务。

目标特征与成就：近期的、具体的、具有一定挑战性且可以很好地完成的目标，是最具激励作用的。

目标特征与任务承诺：指派与选择，是否有选择的自由，是否由自我决定。

（二）内部动机

内部动机指个体对所从事的活动本身有兴趣而产生的动机。这种活动能使个体获得满足，是对个体的一种奖励和报酬，个体从事这种活动时不需外力作用的推动。

1. 归因理论

归因理论（attribution theory），是一种社会认知理论，关于个人阐释他人或自己的行为原因。旨在通过分析和推测行为的因果关系，以控制人们的环境及其影响下的行为。知觉者如何解释和判断自己与他人行为的原因，是归因理论要解决的基本问题。它试图根据不同的归因过程及其作用，阐述归因的各种原理，用来控制、预测和理解相关的环境，以及与环境相关的行动。

2. 自我效能理论

阿尔伯特·班杜拉（Albert Bandura）对心理学的主要贡献之一是他的自我效能理论（self-efficacy theory），即"社会学习理论"。在社会学习理论中，我们既可以看出认知心理学的影子，又能够看到行为主义的影响。班杜拉坚持行为主义心理学的一些基本观点，一方面，他强调研究人类的行为，强调学习中强化的作用，强调客观化的研究原则；但在另一方面，班杜拉也对内部的心理过程进行了探索，强调自我因素对行为的中介调节作用。班杜拉主张认知和行为的结合；主张必须以人、行为、环境三者之间的交互作用来解释人的行为。自我效能感从何而来？主要包括以下几方面：躯体的自我反馈、榜样的示范（观察学习，榜样的相似性）、他人言语说服（权威性、可信性）、成功的经验。对于自我效能感的发展，班杜拉以个体社会化过程为线索进行了全面的考察。班杜拉指出，处于不同发展阶段的个体所面临的基本生活任务及其活动的对象和形式的差异性，决定了个体在不同的发展阶段，其自我效能感在性质、领域、结构、信息来源等维度上的不同。

3. 自我价值理论

1984年，美国心理学家科温顿（M. Covington）提出"自我价值理论"，基本观点为个人追求成功的内在动力是自我价值；将成功视为能力的展现而不是努力的结果；当成功难以追求的时候，自我价值受到威胁时，个人将会竭力维护。自我价值理论是一个有关行为关系与态度的心理学理论，该理论认为，在外在环境压力相对稳定的情况下，一种态度与具体行为之间一致性的高低，或对具体行为影响作用的大小，决定于这一态度本身是否对个人有特别重要的意义，是否居于个人价值系统的中心位置。态度的"向中度"越高，则有关的行为对个人的意义也就越重要，对个人的心理影响也就越大，这种态度对行为的影响作用也就越大。

4. 马斯洛（Maslow）的需要层次理论

该理论的核心是人通过"自我实现"，满足多层次的需要系统，达到"高峰体验"，重新找回被技术排斥的人的价值，实现完美人格。他认为人作为一个有机整体，具有多种动机和需要，包括生理需要（physiological needs）、安全需要（security needs）、社会需要（social needs）、尊重需要（respect & esteem needs）和自我实现需要（self-actualization needs）。马斯洛认为，当人的低层次需求被满足之后，会转而寻求实现更高层次的需要。其中自我实现的需要是超越性的，追求真、善、美，最终导向是追求完美人格的塑造，这种高峰体验代表了人的这种最佳状态。

马斯洛认为人都潜藏着七种不同层次的需要，这些需要在不同时期表现出来的迫切程度是不同的。人的最迫切的需要才是激励人行动的主要原因和动力。人的需要是从外部得来的满足逐渐向从内在得到的满足转化。马斯洛在人生的两个阶段提出了不同的观点，所以我们在一些书上只能看到马斯洛需要理论的五个层次：生理需要、安全需要、社会需要、尊重需要、自我实现的需要。

生理需要：生理上的需要是人们最原始、最基本的需要，如吃饭、穿衣、住宅、医疗等。若不满足，则有生命危险。这就是说，它是最强烈的不可避免的最底层需要，也是推动人们行动的强大动力。当一个人为生理需要所控制时，其他一切需要均退居次要地位。

安全需要：安全的需要要求劳动安全、职业安全、生活稳定、希望免于灾难、希望未来有保障等。安全需要比生理需要更高一级，当生理需要得到满足以后就要保障这种需要。每一个在现实中生活的人，都会产生安全感的欲望、自由的欲望、防御的实力的欲望。

社交需要：社交的需要也叫归属与爱的需要，是指个人渴望得到家庭、团体、朋友、同事的关怀爱护理解，是对友情、信任、温暖、爱情的需要。社交的需要比生理和安全需要更细微、更难捉摸。它与个人性格、经历、生活区域、民族、生活习惯、宗教信仰等都有关系，这种需要是难以察悟、无法度量的。

尊重需要：尊重的需要可分为自尊、他尊和权力欲三类，包括自我尊重、自我评价以及尊重别人。尊重的需要很少能够得到完全的满足，但基本上的满足就可产生推动力。

自我实现的需要：这是最高层次的需要，它是指实现个人理想、抱负，发挥个人的能力到最大程度，完成与自己能力相称的一切事情的需要。自我实现的需要是努力实现自己的潜力，使自己越来越成为自己所期望的人物。

在本节，我们同时需要了解审美需要和认知需要。

审美需要：审美是一种内在的感受，是心灵活动过程中对事物的感觉。这里提出的审美需要是针对人类而言的，每个人对于美好事物都有热衷的追求。

认知需要：又称认知与理解的需要，是指个人对自身和周围世界的探索、理解及解决疑难问题的需要。马斯洛将其看成克服阻碍的工具，当认知需要受挫时，其他的需要能否得到满足也会受到威胁。例如，在学习中遇到无法解决的难题时，我们想寻求解决问题的方法，这是一种在认知需要的基础上产生的动机。

马斯洛认为七个层次的实现要按照次序，由低层次向高层次依次递进。只有先满足低层次的需要才能满足高层次的需要。在一定程度上，这个观点过于机械化。但是，我们依然要肯定马斯洛理论的完整性，以及他对教育、管理等方面做出的启示和贡献。

第七节　自主学习

【案例】

自主——鄢仪的学习之道

鄢仪，女，汉族，湖南农业大学农学院学生。

在学习方面，鄢仪同学学习能力较强，乐于提升自己，积极进取，自入校以来，在各项考试中都取得了比较理想的成绩，这与她的主观能动性和自律性是分不开的。鄢仪同学的学习态度端正，课堂投入度较高，会做笔记划重点，善于捕捉老师所说的书上没有的知识点，方便复习并加深记忆。老师布置的作业，能够认真完成，在做题的时候多思考，把有疑问的地方标记出来，在课后与老师同学交流，或者在图书馆和网上搜查相关资料。除了平时的积累，鄢仪同学在考试前也会认真复习功课，与同学交流讨论学习上遇到的问题。此外，在学习的同时，她也积极帮助其他同学的学习，考试周之前，她会和一些成绩优秀的同学把老师提到的重点内容或一些有价值的考试资料分享到班级群里，方便大家复习。

正是由于鄢仪同学有较强的自主学习的能力，她取得了很好的成绩：从大一开始就名列前茅，获得了2014—2015年度校"三好学生"荣誉和校二等奖学金。她在大一的下学期通过了大学英语四级考试，并于大二的上学期通过了大学英语六级和计算机二级考试。大二获得了2015—2016年度校"三好学生标兵"荣誉和国家励志奖学金。大三学年她靠自学通过了会计从业资格证考试，并获得了国家奖学金。

学习从来就不是一件容易的事情，自主的人往往会如顺水推舟，越来越优秀。自主也从来不是一件困难的事情，人人都能自主，贵在坚持。

【问题】

1. 鄢仪的学习之道给了我们什么启示？
2. 请从自主学习的理论分析自主学习的巨大优势。

一、自主学习的本质

齐莫曼（Zimmerman）认为，当学生积极参与元认知、动机、行为三个方面的时候，他们的学习就是自主的。在元认知方面，自主学习的学生能够对学习过程的不同阶段进行组织、计划、自我指导与自我评价；在动机方面，自主学习的学生把自己视为有效的自律者；在行为方面，自主学习的学生能够通过选择、组织、创设使得学习达到最佳效果的环境。庞维国教授将自主学习概括为：建立在自我意识发展基础上的"能学"，建立在学生具有学习动机基础上的"想学",建立在学生掌握了一定的学习策略基础上的"会学",建立在学生努力基础上的"坚持学"。[1] 不论是哪一种观点,虽然表达的方式有所不同,但都揭示了自主学习三个方面的含义:第一,自主学习是学生的能力、态度和学习策略等因素综合而成的指导控制自己坚持学习的能力;第二,自主学习是指学生对自己的学习目标、学习方法、学习内容以及使用学习材料的选择权和控制权;第三,自主学习是学生在总体教学目标的宏观调控下,在老师的指导下,依据自身的条件与需要制定并完成具体的学习目标的学习模式。更加简洁地来说,自主学习应该包括三个具体的过程:自我判断、自我观察、自我反应,大学生的自主学习也应当与此类似。

二、自主学习的特征

(一) 主体性

自主学习贯彻"以学生为中心的教育思想",强调每个学习主体都是具有独立性的人,学生是学习的主体,包括学习的内容、学习的时间、学习的环境以及如何去学习等,这是任何人所不能够替代的,同时也是自主学习所必须拥有的。学生是学习的主体,教师在学生学习方面就不能只是一味地传授知识,应成为学生学习的引导者;学生也不能一味地依靠教师,应强化自我学习意识。

(二) 能动性

能动性是主体性的表现,学生积极地、主动地从事和管理自己的学术活动,它是学生以自己的知识经验为基础来理解知识、赋予知识以个人意义的过程,这样所学到的知识不再是外在于自身的负担,也不是由于外在各种压力和要求下而被动的学习活动。自主学习是把学习建立在人的能动性之上的,它是以尊重、信任、发挥人的能动性和主动性为前提的。

---

[1] 庞维国. 论学生的自主学习 [J]. 华东师范大学学报(教育科学版), 2001, 20 (2): 78-83.

（三）相对独立性

苏联教育家苏霍姆林斯基说过："为了激起与发展学生的才能，最有效的办法是依靠他们的独立性来组织活动"。自主学习其实也就意味着摆脱教师和他人的依赖，但也并非绝对的。想要自主学习，就必须能够跳出被老师支配的圈子，学会独立地思考、独立地解决某些问题，但也要注意在学习过程中碰到难题时也要积极寻求帮助，同时也要注意和别人之间的合作交流、取长补短，在解决问题的过程中获得进步、成长。

（四）有效性

自主学习是学生自发地想学、会学、坚持学，相较于其他的学习策略来说，自主学习具有很大的优越性。学生通过自己努力学习来获得知识，学到新技能并获得一定的成就感，进一步激发学生的学习欲望，找到适合的学习方法，获得良好的学习成绩，最后会变成一种良性循环，促使学生不断进步。同时，学生自主学习的水平越高，学习过程越优化，学习的效果也就会越好。

（五）创新性

自主学习不仅是对学习内容的简单复制，而且是学生依据自身的需求，去完成知识的再创造。学生能独立、自主、开放地学习，学习实践中勤于思考、多向思维，注重吸纳和借鉴别人的经验，融合自己已有的知识，创造性地解决问题。

三、自主学习能力的内涵

大卫·李特尔（David Little）把自主学习界定为三种能力：进行客观的批判性的反思能力、做出决策的能力以及采取独立行动的能力。庞维国认为：如果学生在学术活动之前能够自主确定学习目标、制订学习计划、做好具体的学习准备；在学术活动中能够对学习进展、学习方法做出自我监控、自我反馈和自我调节；在学术活动后能够对学习结果进行自我检查、自我总结、自我评价和自我补救，那么他的学习就是自主的。

作为一种能力，自主学习经历了一个从他主到自主的发展过程。在自主学习能力发展起来之前，学生的学习活动通常是在教师、父母等他人的直接指导和调节下进行的。在大多数情况下，学生只是按照成人的要求被动甚至机械地从事和调整自己的学习活动。随着学习经验、学习技能的增加，自我意识的逐步增强，学生对自己学习活动的独立监控、判断、评价日益增多，其自主学习能力就从低级到高级发展起来。成人的指导和调节就逐渐由主导作用变为辅助作用，学生的自我定向、自我控制和自我指导发挥主导作用。一般说来，在学生学习的过程中，与之交往的成人给予的引导、监督和启发越多，学生从中获得的学习经验就越多，就能更明确地指导和调节自己的学习过程。因此学生自主学习能力的形成离不开教育指导这一外在条件。作为一种活动过程，学生的自主学习也不可能完全游离于教师的指导之外。在现行的教育体制下，学生还必须依赖教师来确定学习内容、获取学习策略、提供学习反馈，遇到自己不能解决的学习困难时，尤其需要教师的指导和帮助。自主学习的社会认知学派之所以把学生主动寻求学业帮助作为自主学习的一个重要特征，也正是看到了外部帮助在学生自主学习过程中所起的必要作用。

总之，学生的自主学习既需要自我意识、内在学习动机、学习策略、意志控制等内部条件，也需要教育指导等外部条件。在教育实践中，必须处理好二者的辩证关系。

四、自主学习的内在条件[①]

（一）能学

从发生学的角度来看，自主学习是在自我意识产生之后才出现的，自我

[①] 余文森. 略谈主体性与自主学习 [J]. 教育探索，2001（12）：32-33.

意识应该是自主学习最为基本的内部条件。这是因为,如果没有自我意识的形成,个体就不可能有"主我"与"客我"的分化,就不可能既将自己视为学习活动的主体,又将自己视为学习活动的客体,有意识地控制、调节自己正在进行的学习活动。

(二) 想学

在没有外部压力或要求的情况下,学生如果缺乏内在的学习动机,就不可能自觉地确定学习目标、启动学习过程,自主学习也就无从谈起。因此,内在的学习动机也是自主学习不可缺少的内部条件。现代学习心理学认为,与自主学习有关的内在动机性成分主要包括自我效能感、价值意识、目标定向、学习兴趣等,学生在这些动机成分上表现出来的特点将直接影响其内在学习动机水平。

(三) 会学

自主学习具有独立性的一面,有时候是在没有他人指导或帮助的条件下进行的。面对既定的学习任务,如果学生缺少相应的问题解决策略,即使具有较强的学习动机,学习也不可能顺利进行。因此,拥有充足的学习策略并且能够熟练地运用这些策略也是自主学习不可缺少的内部条件。

(四) 坚持学

自主学习贵在坚持,自主学习必须以意志控制为条件,在学习的过程中,学生难免会遇到这样或那样的学习困难和干扰,如一时难以理解的问题、身心的疲劳、情绪的烦恼和外界因素的干扰等,这时候就需要学生用意志来控制自己,使学习活动坚持进行。自主学习的意志理论认为,再强的学习动机也无法取代意志控制在自主学习过程中的作用。一般说来,学生在学习之初都具有一定的学习动机,但是随着学习的进行、学习困难的增加,学习动机的推动作用会逐渐减弱,而使学习得以坚持的力量是靠意志控制成分。换言之,学习动机对自主学习具有更强的启动作用,意志控制对自主学习具有更强的维持功能。

五、大学生自主学习的影响因素

（一）大学生自主学习能力的差异

由于在被高校录取之前的学习环境、学习方法、学习能力的不同，导致刚进入大学时学生的自主学习能力之间形成了巨大的差异，很多大学生信奉着大学"只要不挂科就行"的理念，甚至有"没有挂科的大学不是完整的大学"这种荒唐的话语广为流传。自主学习能力的差异导致思想层次上面的差异，思想上面不求上进反过来影响着自主学习能力的培养。当然，由于存在着这样的差异，所以大学生必须通过实践找到适合自己的学习方法，培养自己的学习欲望，从而做到自主学习。

（二）自我概念的把握[①]

自我概念是关于自己的能力、外表和社会接受性等方面的态度、情感和知识的自我知觉，即个体把自己当成一般的客观事物所做出的知觉和评价，自我概念不仅仅为个体提供了自我认同感和连续感，使个体存在富有意义和价值，而且在面临重要任务和难题的时候，自我概念能够调节、维持个体有意义的行为，自我概念的把握能够提高自我的能动性，对于自主学习有重要的意义。

（三）学习环境

自主学习并不是很容易就能掌握的一种学习方式，这种方式需要学生经历一段长时间的训练，同时也需要学生能够很好地控制自己。外在的环境往往会对学生产生较大的影响，比如，外界的环境是嘈杂还是安静，周围伙伴是在做榜样还是恰好相反，还有最为重要的一点，就是教师介入学习的程度。处处依赖老师便无谈自主，完全没有老师的指导便难以深入学习。一个

---

① 庞维国. 自主学习理论的新进展 [J]. 华东师范大学学报（教育科学版），1999（3）：68-74.

良好的学习环境应当是老师布置任务，同学之间可以成立一个学习小组，相互交流，在图书馆查阅相关的资料，最后再由老师来指导点评。这样才能更好地锻炼学生的自主学习能力。

六、大学生自主学习能力的培养

（一）自主学习能力的获得途径

通过直接教学获得：直接教学的过程可以获得一定的解决问题的方法，可以为自主学习打下一定的基础，老师讲，同学听，并在这个过程中积极思考，这样也能够获得一定学习的能力。

通过观察学习获得：观察学习又被称为替代性学习或无尝试学习。是指通过对学习对象的动作、行为以及它们所引起的结果，进行观察，获取信息，而后经过学习主体的大脑进行辨析、加工、内化，再将习得的行为在自己的行为、动作观念中反映出来的一种学习方法，是在通过观察得出一定结论的过程中提高自主学习能力的方法。

通过学习试验明白：实践出真知，学生试验讲究张扬自由个性，学会自主探究，激发自己的智慧潜力，提高自己的动手动脑能力，学生能够通过试验发现问题、提出问题并且最终解决问题。

（二）自主学习能力的获得过程

观察和反思阶段：观察和反思能发现问题，同时找到一定的方法解决问题。

模仿、尝试阶段：通过模仿别人的做法，同时尝试着运用学习到的或者自己创造的方法去解决问题。

自我控制阶段：这个阶段是痛苦的，要求能够拒绝诱惑，专心学习。

自觉、习惯化阶段：到了这个阶段，就能够做到自主学习，从而成为有效学习的重要保障。

(三) 自主学习能力的培养方式

齐默曼（B. J. Zimmerman）的理论认为：为培养现代所需的具有创新精神和创新能力的学生，就不能够像以往那样教师讲、学生听，因此，教学中应当实施自主学习，做学习的主人。在齐默曼的理论中，提出了六个问题，即为什么学习？如何学习？何时学习？学习什么？在哪里学习？与谁一起学习？还有一种是以质疑和解疑为主线组织学生自主学习的方式，就是以学生"质疑"为切入点，以学生"解疑"贯穿整个学习过程，这个过程中教师有意识、有目的地落实教材的重点、难点及相关的教学要求，以完成教学目标。过程中学生积极参与，始终处于主体地位，问题由他们提出，也由他们解决。这种教学模式的结构形式是：质疑—归纳—解题—总结。

培养自主学习能力还得从学生层面和教师层面进行分析。

1. 学生层面

（1）充分调动学生的主观能动性

主观条件在自主学习中是必须具备的，外在的客观条件只能起到辅助作用，而学习要真正有效果必须调动主观能动性。有一颗积极学习的心，再加上自身刻苦不断地努力，学习就会有满满的收获。

（2）制定学习目标和计划

培养自主性首先体现在制定可行的学习目标与学习计划上，有一个明确的目标就会产生强烈的学习欲望，就能够对面临的或者即将面临的困难采取正确的措施。

（3）检查与评价学习结果

自主学习要求大学生在学习的时候，依据一定的标准进行自我检查，检查自己达到的水平、程度，并对学习目标与实践结果之间的差异进行分析，做出说明和解释。调查显示，学习不良的学生很少将学习的失败归为内部原因，而是更多地将责任推给老师等不可控的外部因素，但学习优秀的学生更多地归因于自身的努力，所以，所有的问题都要找出原因、找出根源，这样才有办法针对性地解决问题。

(4) 自我反省和总结

在学术活动结束之后，大学生应当对学习的过程进行深入的总结和反思，同时对自主学习中的每一个环节进行回顾，从最初的目标设置、选择学习策略到学习的结果归因等，从反省中积累经验、吸取教训。

2. 教师层面[1]

(1) 宏观上从"先讲后学"到"先学后讲"

为了凸显学生的自主学习，可以把教学的基本顺序由讲授式教学的"先讲后学"变为"先学后讲"。也就是说，把学生自己能够掌握的学习内容让学生通过自学、讨论先行解决，然后教师再针对学生不能掌握的内容进行重点讲解或指导。这样做的好处是，通过自学、讨论，学生个体和集体的学习潜能能够得到充分发挥，自主学习能力能够得到锻炼，自学、讨论后不能解决的问题也可为教师的讲解提供明确依据；通过教师有针对性地重点讲解或指导，学生能够更好地获得问题解决策略，所以学生在自学、讨论后听讲的愿望更强，更具目的性。

(2) 微观上增强学习动机，丰富学习策略

它要求教师掌握一些具体的促进学生自主学习的方法。在这方面，齐莫曼的建议值得我们学习和借鉴。齐莫曼主张从以下几个方面来促进学生的自主学习：首先，激发学生的内在学习动机；其次，注重学习策略教学；最后，指导学生对学习进行自我监控，教会学生利用社会性的和物质性的资源。激发学生的内在学习动机可以从增强学生学习的自我效能感、提高学生的学习兴趣、让学生经常体验到学习的成功、对学生的学习进步及时给予强化等方面着手。一般说来，提供与学生的情况类似的学习榜样，对学生进步给予适当的归因反馈，结合着榜样示范进行言语说服，都能够起到增强学生

---

[1] 庞维国. 自主学习理论的新进展 [J]. 华东师范大学学报（教育科学版），1999 (3)：68-74.

的自我效能感的作用。教师把当前的学习内容与学生的当前和未来需要联系起来，创设新颖的问题情境，向学生显示自己的学习兴趣等方法，都可以起到增强学生学习兴趣的作用。把长期的学习目标分解成具体的、可以完成的近期目标，并督促和帮助学生逐个完成这些目标，可以让学生从中体验到自己的学习进步。教师根据学生的学习进步适时给予物质或精神激励，也有助于强化学生进一步学习的内在动机。注重学习策略的教学要体现在两个方面：一是结合教学内容尽可能多地传授给学生各种一般性的和具体的学习策略；二是要提供多个范例，讲明策略适用的范围和条件，并给予学生充分的策略练习机会，使他们可以熟练运用。为了加强学生对学习的自我监控，可以训练学生对学习情况进行自我记录。比如，记录自己尚未完成的学习目标、未能按时完成作业的次数、常做错的习题、好的解题方法等。此外，教会学生在适当的时候向他人求教，从图书馆或其他信息来源中查阅信息资料的方法，也能在一定程度上增强学生的自主学习能力。

（1）导学式教学模型主张。自主学习，合作探究；先学后教，以学定教；学用结合，提高实效。其教学模式如图2。

（2）学生在校学习的时间有限，在教学过程中应引导学生自主学习，培养其独立思考能力，通过运用五环教学模式（如图3），可以调动学生的学习积极性，活跃教学氛围，增添教学生机，培养学生的自主学习能力和创造力，提高课堂的时效性。

符合新课标理念下自主学习教学案例设计，较好地体现以学生的发展为本的教学新理念；要以实验、讨论、提问等多种方式使学生积极地参与到学习活动中来；要引导学生体验实验的过程，完善自身的认知结构；要给学生足够的时间，使其真正实现自主学习。

```
        探究导学教学模式

  学 ⇒ 探 ⇒ 展 ⇒ 导 ⇒ 用
  ↓     ↓    ↓    ↓    ↓
自主学习→合作探究→交流展示→导学提升→迁移运用
  ↑     ↑    ↑    ↑    ↑
 独立   对话  分享  提升  应用
 环节   环节  环节  环节  环节
  ↓     ↓    ↓    ↓    ↓
初步认知 深度探究 反馈共享 释疑提升 巩固应用

自主学习，合作探究；先学后教，以学定教；学用结合，提高实效
```

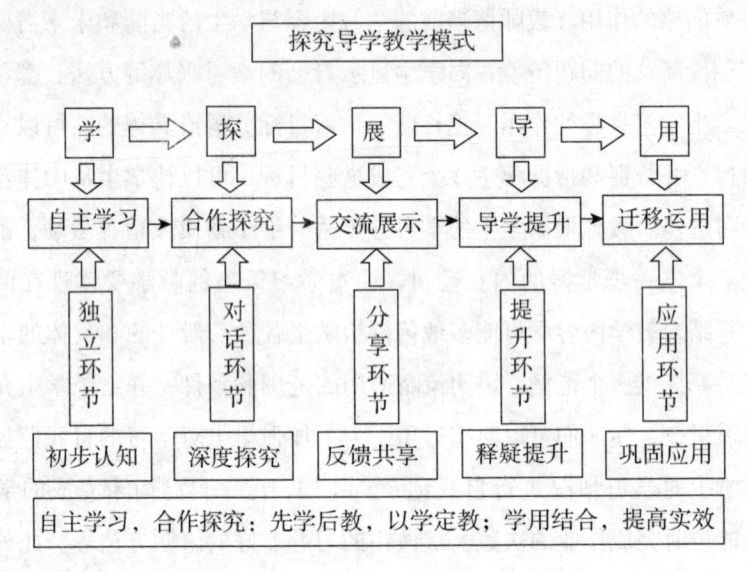

图 2 探究导学教学模式

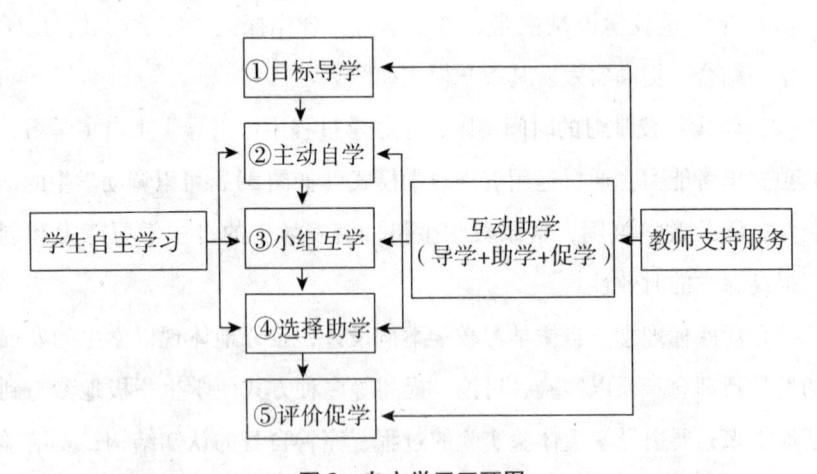

```
              ①目标导学
                 ↓
              ②主动自学
                 ↓
学生自主学习 → ③小组互学 ← 互动助学      ← 教师支持服务
                 ↓        (导学+助学+促学)
              ④选择助学 ←
                 ↓
              ⑤评价促学 ←
```

图 3 自主学习五环图

1. 自主学习含义

通过激发学生内在的学习兴趣，逐步培养学生学习的自主性和主动性，使学生不仅会学习，而且爱学习，使学生的个性在学习过程中得到充分发

展，并形成良好的学习习惯。

2. 自主学习实质

就是在使学生掌握大纲所要求掌握的知识和技能外，还要注重学生能力的培养和未来的发展，通过自主学习，要使学生具备较强的自主学习能力、主动发展的精神及自我完善的意识。

3. 自主学习特征

（1）自主性（最典型）

学生不仅仅是知识的接收器，更应该是能够主动去探索知识，按照自己的学习方式去学习化学，认识化学的原理以及应用所学的知识去解决问题。在传统授课时，教师往往收集大量信息展示给学生，学生被动地听，课后印象不一定很深刻。如果放手让学生去做，让学生根据自己的兴趣去选择喜欢的内容，然后分组自主学习，以学生活动为主体，每个学生都参与到了学习全过程当中，对所学知识印象就更加深刻了。

（2）民主性

自主学习不是教师把现成的东西给学生，而是让学生经过展示、讨论、实验、提升获得知识。

（3）合作性

自主学习有时与合作学习同时进行，效果会更好。

（4）应用性

自主学习和应用紧密结合在一起，自主学习的动机源于知识的应用。

（5）创新性

采用自主学习的方式，让学生自己找到所争论问题的答案，充分实现了新课标中培养学生的创新精神和实践能力的目标。

4. 自主学习策略

（1）教师要转变教育思想，更新教学观念

树立一种以人为本的思想，学生不再是知识的接收器，而是每一个学生都有自己的特长。我们要尊重每一个学生的人格，发现每个学生的强项。教师与学生之间的关系，不再是一桶水和一碗水的关系，在学识上只是"闻道有先后，术业有专攻"。我们可以教学相长，把课堂大胆地交给学生，教师只是一种导演的角色，师生之间平等的关系可以缩短师生之间的距离。

（2）重视和改进实验教学是实施"自主学习"的有效途径

只要是条件允许，我们可以大胆地把书本上原来验证性的、总结性的实验引到课堂中间，形成一种探索性实验，让学生在这个过程中循着科学发展的过程，去认识到一些规律和生活中要注意的事情。实验一旦完成，学生就获得了一些成功的喜悦，并且从中也激发了他们学习的兴趣，同时提高了他们学习的能力。

（3）激发学生自主探究的动机和兴趣是学生进行"自主学习"的核心

教师积极创设氛围，那么就给学生自主学习铺设了一条道路。从生活中发现化学，然后用化学知识去解决它，就会使学生觉得化学就在我们身边，激发了他们的学习兴趣，使学生学以致用、用以促学。可以全面提升学生的能力，同时也培养了学生的科学素养。

（4）"讨论、质疑"是"自主学习"的基本方法之一

学习当中要克服原来束缚学生的一种思维——灌输式的教育，以及他们在这个框架之内思考的一些问题。在自主教育过程中，要去解放学生的思想，解放他们的大脑，让他们去观察、思考，培养他们探究事实的思考方式和记忆的能力。

（5）处理好教师引导与自主学习的关系

学生自主学习更强调学习的自主性，强调学生自身的能动性，但这并不意味着对学生放任自流，并不意味着教师能够不负责任。要求教师充分发挥学生的主观能动性，在进一步提高质量上面下功夫。教师要处理好自主学习与其他学习模式的关系。教师要不拘一格地将多种教学模式有机结合起来，达到最好的教学效果，真正实现学生从被动学习到主动学习。

第八节 合作学习

【案例】

刘玉丽，湖南农业大学动物医学院学生，也是第二届"学习之星"的参赛选手。她学习成绩优异，工作认真负责，思想态度积极向上，具有良好的精神风貌。

她 2015—2016 学年平均成绩为 88.9 分，位于年级第二，综合表现良好，于 2016 年获得国家励志奖学金。在 2016—2017 学年间，平均成绩 92.68 分，综合测评成绩 299.94 分，获国家奖学金。在校期间通过了大学英语四六级、MS office 高级应用类计算机二级考试，获"校三好学生""校优秀团员""大北农励志奖学金"等荣誉。

她不仅在专业方面成绩卓著，还将合作学习的学习方法带到同学之中。在考试周，刘玉丽经常与同学一起在图书馆复习，相互探讨学习方式方法，在交流的过程中发现自己的不足并进行改进。她还在假期期间参与实习，通过与其他实习生以及前辈们的交流工作过程，刘玉丽体会到了合作的重要性，在各位同事的帮助和自己的努力下锻炼了自己的学习与实践能力。

刘玉丽的行为正如"自我超越"中说到的："自我超越以磨炼个人才能为基础，却又超乎此项目标；以精神的成长为发展方向，却又超乎精神层面。"她在懂得如何获取知识的同时，也明白了合作的重要性，并从中获得成长。

一、概念辨析

（一）合作学习的历史背景

20 世纪 70 年代初，合作学习在美国兴起，并于 70 年代中期至 80 年代

（二）具体作用

1. 培养合作精神

培养学生的合作意识与合作能力，是当代教育所需要重视的，而合作学习无疑是培养这种能力的最佳途径。

2. 培养交往能力

在合作学习中，学生增强了相互间的交往，提升了自己的交际能力、沟通能力、表达能力。

3. 培养创新精神

合作学习是一个知识不断生成、不断建构、具有创造性的过程，有利于学生创新意识的培养。

4. 培养竞争意识

在合作学习中，学生将分为若干个学习小组，在讨论与解决问题的时候，组与组是竞争的关系，但竞争意识会让合作学习更高效。

5. 培养平等意识

在合作学习中，将会采用异质分组的方法，把学习能力、学习兴趣、性别、个性各不相同的学生分配在同一组之中，同学们可以相互地补充、启发，不存在谁更聪明、谁能力更强的说法，有利于树立平等意识，减少攀比心理。

6. 培养承受能力

在合作学习的过程中，学生在组内真诚合作、公平竞争，在合作与竞争过程中逐步完善人格，培养良好的心理素质，提高心理承受能力。

7. 激励主动学习

合作学习能够使学生从被动地学习转化为主动地参加，成为学习的主人翁。

三、如何有效地进行合作学习

合作学习是一种摒弃了以往"填鸭式"的现代化教学方式，学生是共同愿景的主要参与者、共同缔造者，与此同时，学生的个人成长需要及其相应的个人愿景能恰当融入整个团队的共同愿景之中，使学生的个人愿景与团队的共同愿景更好地结合。共同愿景是组织中所有成员的共同愿望、理想或目标，激发大家勇于承担风险，勇于探索和尝试，并且这种愿望、理想或目标表现为具体生动的景象。它来源于成员个人的愿景而又高于个人愿景，建立在共同价值观基础上，是对组织发展的共同愿望，并且这个愿望不是被命令的，而是全体成员发自内心想要争取、追求的，它使不同个性的人聚在一起，朝着共同的目标前进。"共同愿景"的概念与"理想"相似，但又与理想不同：理想大多指向未来，"共同愿景"描述的是现在，理想同"共同愿景"相比更抽象。对学习型组织而言，共同愿景是很重要的，因为它是学习实践的重点，也是学习实践的动力来源。很难设想没有共同愿景，如何能够建成苹果电脑公司、美国电话电报公司、福特公司这样的企业。共同愿景可以激发人们的热情和抱负，特别是有内在深度的愿景。由此，工作或者学习就成为追求有更大价值志向目标的过程，而公司组织的产品和服务，或我们学习的书本知识与实践内容则具体体现了这种志向目标——苹果电脑使人们通过个人电脑来加速学习，美国电报公司用全球的电话服务让世界互相通信，福特制造大众买得起的汽车提升出行的便利。这种更大价值的志向目标，还可以在公司组织的精神氛围和文化风格上得到具体体现。

第一，共同愿景能够振奋精神、焕发生气、激发热情，从而能够提升组织，使之超越平庸。一位经理说："不管竞争问题或内部问题有多大，我一走进大楼，总会感到精神重新振作起来——因为我知道，我们所做的事真正关系重大。"

第二，共同愿景给大家带来勇气，而大家甚至并未意识到这种勇气的分量。勇气就是在追求愿景的过程中敢于承担任何必要的任务。

第三，共同愿景能够帮助建立支配一切的总目标。这种目标的崇高和庄严，会带动新的思考方法和行为方式。学习实践很艰难，甚至十分痛苦。而我们有了共同愿景，就更有可能敞开心怀，暴露自己的思想方法，放弃深层成见，激发大家勇于承担风险、勇于探索和尝试的精神。

建立共同愿景的修炼，首先要激励个人愿景。汉诺瓦保险公司的奥布赖恩（O'Brien）说："你的愿景不是关于什么对我很重要。能够激励你的唯一愿景，就是你自己的愿景。"个人愿景通常包括家庭方面、组织方面、社区方面，甚至整个世界。那么，奥布赖恩强调的是什么呢？其实是个人的关怀。它植根于个人的价值、个人关心的事，以及个人的愿望和志向。这就是为什么说，对共同愿景的真正关切来自个人愿景。

（一）如何确认共同愿景

从个人愿景到共同愿景。第一步就是放弃传统观念，即认为愿景总是从"高层"宣示的，或者从组织的正规计划工作中来的。组织咨询师查理·基佛（Charlie Kiefer）说："尽管愿景能激发热情，但建立共同愿景的过程并不迷人。"真正被分享的愿景，需要时间才能浮现出来，它是大家个人愿景交流沟通过程中成长出来的副产品。经验表明，真正被分享的愿景，需要不断地沟通，大家不仅要自由表达个人愿景，还要学会如何聆听对方的愿景。我们必须允许多种愿景共存，聆听所有个人愿景，以找到超越和整合各种愿景的最佳行动路线。正如一位非常成功的首席执行官（CEO）所说的："我的工作，从根本上说，就是聆听组织想说什么，然后确保把它明确有力地表达出来。"

（二）如何推广共同愿景

愿景的推广是要人们自觉加入、投入和顺从。"兜售"一般是指哄骗别人做事，如果人家掌握全部事实信息，就不会去做的事。相反，"报名加入"，直接意思是"把名字登记在花名册上"，它是个自主选择的过程。而"被兜售"就常常不是自主选择。在今天的组织机构里，真正的奉献和投入，还是罕见的。90%以上被认为是奉献投入的，其实只是顺从。顺从和承诺投入还是有巨大差别的。奉献投入的人会带来激情、能量和兴奋，而只有顺从，甚至是真心顺从的态度，是做不到这些的。承诺投入的人，不会循规蹈矩，他会对规矩本身负责。如果规矩妨碍愿景的实现，他会设法改变规矩。一群对共同愿景有真正承诺和投入的人，会产生一股令人敬畏的力量。

（三）影响共同愿景的因素

愿景为何会夭亡？有以下两个原因，其一是愿景的沮丧情绪。愿景的传播进入一个沟通和兴奋的正反馈时，追求愿景的早期成功，提高了大家的热情，但这种情形不可能不受束缚地进行，总存在一些限制因素，其中任何一种都有可能起作用，来减缓这种良性循环的正反馈过程。随着愿景涉及的人越来越多，不同的观点可能会分散大家的集中关注，并引发无法控制的矛盾。如果发生这种情况，愿景就会夭亡。在这种模式中，限制因素是组织"保持住"创造性张力的能力。这是自我超越的核心原则。其二是时间作用。如果人们无法驾驭现实需求，失去对愿景的关注，也会使正在形成的愿景夭亡。在此情况下，限制因素是人们用于关注愿景的时间和精力。这种情况下，只有在大家深信自己能够塑造未来时，愿景才能成为一种生机勃勃的力量。

但激励组织的根本能量来源有两个：恐惧和愿望。恐惧的力量驱使负面愿景，愿望的力量驱动正面愿景；恐惧可以在短期内实现非凡的变革，而愿望则可以持续不断地成为学习和成长的源动力。负面愿景的局限性有三点。第一，创新的能量被分散转移，去"防范"我们不想要的东西。第二，负面愿景带来一种微妙但又明确的无能为力的信息——我们大家其实并不真正关心。这种愿景只有在有足够的危险降临时，才能凝聚大家。第三，负面愿景不可避免地是短期的，组织激励只有在危机持续时才有效，一旦危机解除，组织的愿景和精力也就消失了。

（一）合作学习运行模式及操作要素

为了合作学习能够切实地有效地开展，在组织合作学习的过程中，以下要素是必不可少的，其运行模式如图4。

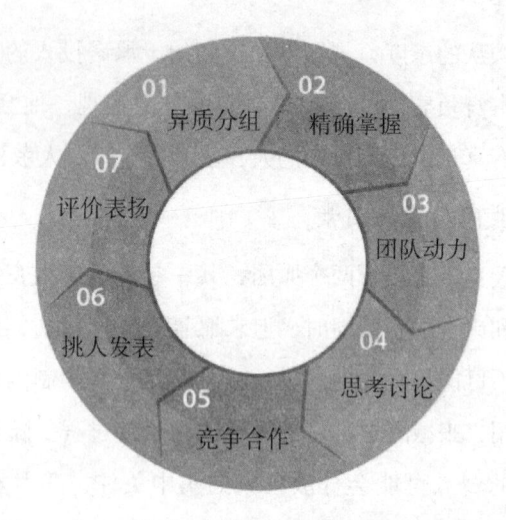

图4　合作学习运行模式

1. 明确学习目标（选定课题——确定学习的内容或任务）

在实施合作学习前，教师须告知学生，通过合作学习，他们必须掌握哪一方面的知识与技能，即学习目标必须是明确的。

2. 认可既定目标

所有学生都必须接受并承认既定的学习目标，每个小组的所有成员都必须把小组的学习目标视为必须完成的任务。

3. 恰当选择内容

在教学中，有些教学内容适合用合作交流的方法，有些内容适合学生独立思考进行学习，有的内容则需要动手操作来进行学习，而有的内容则适合教师演示来进行讲解学习，等等。因此，教师需要依据教材的内容与学生的实际情况来进行教学方式的选择。在教学中，要选择有一定思考价值的问题进行授课，能够靠近学生思维的最近发展区，让学生"跳一跳"就能够摘到"果子"。总的说来，对于那些空间较大的问题，如思路、问题、条件等，答案具有开放性和探索性的可采用合作学习的方式。

4. 提前进行指导

教师必须在实施前将明确的指导给学生，包括学生要做什么、以什么次序做、用什么资料，以及用来证明学生掌握知识和技能的考核办法等，这些都必须让学生提前了解。

5. 控制小组差异

学习小组的成员组成必须是多元化的，即小组内成员之间必须存在一定的差异性，如文化背景、学习能力、性别与知识背景等方面，使学生能够尽可能地接触很多不同的观点，扩大知识面。

6. 同等成功机会

使每一个学生都相信，自己拥有与他人一样的学习与成功的机会。

7. 积极相互帮助

让学生在合作学习过程中能够积极地相互依赖、相互帮助。教师分配给每一个小组的学习任务要求学生们只有通过小组互相合作才能完成，让学生深刻体会到他们是一个集体，要一起战斗，相互依靠。

8. 当面直接讨论

教师要求学生面对面地进行直接交流与讨论。

9. 掌握社交技能

学生要学会与他人友好相处、积极交流，学习如何处理问题，学会接受建设性批评意见，学会谈判与妥协。教师需要和学生讲明正确的社交技能与社交行为。

10. 加工内部知识

每一个学生都必须完成一系列与学习目标相关的内部知识加工任务，如理解、解释、建立知识点之间的联系、含义、组织数据与评价所学知识的相关性以及对所学知识的应用。

11. 掌握所学知识

知识内容的重点学习目标与考试内容一致。

12. 保证学习时间

教师须为每一个学生与小组提供充足的时间来完成学习目标，避免学习效果受到影响。

13. 完成个人职责

合作学习的目的是提高学习效率。每一个成员都必须对自己所承担的学习任务负责，所以，在制订学习计划之前，教师要对每个学生的能力有一个正确的估计，给他们分配力所能及的学习研究任务。

14. 表扬学习成果

对小组在学习中获得的成功进行认可与表彰。对于出色地完成学习任务的小组，给予学生认可的实质性表扬与鼓励。

15. 总结学习结果

小组合作完成学习任务后，老师要就以下四个方面对学生进行指导与分析总结：①小组学习目标完成的程度与情况；②在学习中小组成员之间的互相帮助情况；③小组在学习中的协作精神、学习态度情况；④如何进行改进，争取下次做得更好。

（二）合作学习的方式

1. 问题式合作学习

问题式合作学习指的是老师与学生互相提问、互做教师、互为解答，既答疑解难又能激发学生学习兴趣的一种合作学习形式。这种合作学习模式又可以分为生问师答、生问生答、师问生答、抢答式知识竞赛等形式。在实施教学的时候，应该依据学生的学习心理特征设置问题。

2. 表演式合作学习

表演式合作学习即通过表演的形式，激发学生的学习兴趣，从而培养学生自主探究的学习品质，或作为课堂的小结形式，检验学生对所学知识的理解。

3. 讨论式合作学习

讨论式合作学习即让学生在学习过程中讨论某一内容，在讨论的过程中进行自我教育，以达到完成教学任务的目的。

4. 论文式合作学习

论文式合作学习指的是老师带领学生开展社会调查实践，并且指导学生用论文的形式对实践结果进行汇报。这类活动一般一学期举行 2~3 次，重点放在寒暑假。

5. 学科式合作学习

学科式合作学习指的是将几门学科联合起来开展合作学习。比如说，在语文课上学了与春天有关的文章，可让各学习小组围绕春天去画春天、唱春天、颂春天，找与春天相关的各种数据，观察与春天相关的各种事物等，最后写成活动总结。

以上合作学习方式之所以有效，一是在合作学习的过程中小组成员拥有共同奋斗目标以及经常性地相互交流，拉近了同学们的情感距离；二是在合作学习中大家互相帮助，相互取长补短，每个人都得到了较快的提升；三是在小组合作学习中学生经常在一起自由、自主地讨论、交流，从而创造了一种宽松、民主、和谐的学习氛围，激发了学生学习的积极性，并有效发挥了学生的学习潜能，提高了学习效率。合作学习是一种有效的学习方式，有利于学生的全面发展，值得大学生们采用学习。

【案例】

这种学习方式到底有没有实效呢？让我们从学长、学姐们身上寻找答案。

动科院 2015 级学生何子煜，获第二届"学习之星"提名，大二学年经常参与导师团队研究生的读书报告及课题组会议，并多次参与研究生师兄师姐的试验及采样，与他们建立了良好的团队合作关系。在 2017 年暑假期间，何子煜进行科创实验，在 9 月初整理了相关实验结果，在"食品与健康国际会议（2017）"上发表了壁报和摘要，并且获得该会议的"优秀壁报"奖。

学习不是一个人闷头苦干，何子煜在学习过程中善于运用合作学习的方式，在合作交流中进步成长，取得了优异成绩。

在合作学习中也存在着障碍，主要障碍有以下六点。

1. 局限思考

将自身与工作混淆，或是将自己的责任、思考、学习局限于职务范围之内。既然是团队，合作是不可或缺的。我们还处于学习成长的阶段，是积累学识、经验、能力的重要阶段，不论是在同学之间、各个部门之间，包括与其他组织的衔接方面都会有很多合作共事的机会，积极主动地了解其他部门或组织的工作方法与思考方式，是进步的重要途径之一。相互交流，及时沟通，才能更有效地帮助我们认清本质，更好地解决问题。

2. 缺乏整体思考的积极主动性

真正具有前瞻性的积极行动，除了正面的想法之外，还必须以整体思考的方法与工具，进行深思熟虑，细密量化。首先考察除了我们最初极佳的立意之外，还会造成哪些我们不易觉察的后果。因此在工作开展之前，应做好全方位的细致计划，并对可能发生的意外做出应急措施，才能更有效地降低由于意外而对工作造成的影响。

3. 专注于个别事件

专注于某些片段或短期事件，使我们不能以较长远的眼光来看事件背后变化的形态，更无法了解其真正原因。并且目前很多事件实际都是原因复杂而缓慢形成的。

4. 温水煮青蛙的故事

学习放慢速度，察觉构成最大威胁的渐进过程。松懈与怠惰是最易让人养成坏习惯的，特别是我们大学生，无论是在学习、工作还是生活中都是要注意和避免的。

5. 从经验学习的错觉

人与人之间存在鸿沟，沟通不足不及时、对于其他合作者的不了解与主观代人极易使成员之间产生误会，因此过度的经验错觉会对我们的交流造成很大的困扰。

6. 管理团体的迷思

人们在团体决策中，往往会为了维护团体的和谐和凝聚力，而弃事实真相于不顾，往往给出表面和谐的妥协意见。绝大多数组织不会奖励深入质疑复杂问题的人，尤其在所有人都无法确定时。

因此，我们在组织内部合作学习的过程中有三点需要注意：首先，深思复杂议题时，合作学习的过程中必须学习消除抵消和磨损力量，使得团体合作的智力高于个人的智力；其次，需要既具有创新性而又协调一致的行动；最后，不可忽视团体成员在其他团体中所扮演的角色与影响，进而培养其他学习型团队。

第九节 研究性学习

【案例】

说起研究性学习，在第二届"学习之星"的决赛现场上，有一位选手给观众们留下了很深的印象，她就是来自工学院的贺诗。

"谁说女子不如男？"工学院给人们的印象好像一直都是男多女少，其所涉及的相关专业更是在传统观念中被归类到"不适合女孩子就业"的那一栏里。在这样的大环境下，贺诗凭借着自己的努力在众人中"杀出一条血路"，连续几年的各种评奖评优名单中都会出现她的名字。去年，在全省创新比赛中，她与团队所设计的湖面垃圾清除机器人吸引了众人的眼球，甚至还登上了《潇湘晨报》。这个机器人操作简单，极其智能化、人性化，具备这么多优点的机器人背后肯定也少不了他们的辛苦付出，贺诗在比赛现场曾说："为了设计它，我与团队通过钻研专业知识，仔细研究，并结合实际情况不断改进机器人，更替零部件，使它更加完美，所以这个机器人可以说是我们深入研究自己专业的结果。"她的成功与研究性学习密不可分。

研究学习在学习中至关重要，确定目标并为之努力，在忙碌的学习中通过观察发现有所启发，何尝不是一种乐事？

一、研究性学习的含义①

研究性学习是极为重要的一种学习方式。研究性学习，本质上是在学习中基于已有的知识、技能主动提出问题，进而综合运用新旧知识和技能，生成新的问题解决规范或思维产品的过程；以"培养学生勇于探索、追求卓越的态度，培养学生发现问题、提出问题，从而解决问题的能力"为基本目标；以学生从学习生活和社会生活中获得的各种课题或项目设计、作品的设计与制作等为基本的学习载体；以在提出问题和解决问题的全过程中学习到的科学研究方法、获得的丰富且多方面的体验和科学文化知识为基本内容；以在教师指导下，学生自主采用研究性学习方式开展研究为基本的教学形式的课程。

研究性学习不同于综合课程，虽然在很多情况下，它涉及的知识是综合性的，但是它既不是几门学科综合而成的课程，也不等同于活动课程。虽然它是学生开展的自主活动，但它不是一般的活动，而是以科学研究为主的课题研究活动。它也不等同于问题课程，虽然也以问题为载体，但不是接受性学习，而是以研究性学习为主要学习方式的课程。

二、研究性学习的目的

在当今社会，我们都大力提倡教育，科技兴国、人才强国。斯宾塞曾

---

① 戴元新. 如何把研究性学习渗透到数学教学中去[J]. 都市家教（下半月），2013（1）：50.

言:"教育中应该尽量鼓励个人发展的过程。应该引导儿童自己进行探讨,自己去推论。给他们讲的应该尽量少些,引导他们去发现的应该尽量多些。"由此,我们了解到教育的重要意义,而在教育中占据重要地位的便是学习。不管是教育者还是被教育者都必须不断地学习。一位著名教授曾说,编书成册需要一定时间,课本永远是要落后于时代的,因此,过于执着在书本上学习到的东西反而会阻碍我们的发展,万事万物都处在不断地变化之中,我们的学习也要懂得变通,切勿让知识压抑了思维。

研究性学习是为了让大学生们更好地去学习,弄懂如何学习,了解学习的真谛,进而激发人们学习的兴趣和动力。学习是一定需要被研究的,我们甚至可以总结出一套公式来更好地理解学习。学习一门课程我们要知道为什么要学习它,怎样高效地学好它,弄清楚学习的规律,从而达到事半功倍的效果。

三、研究性学习的作用

(一)研究性学习是一种实践性较强的教育教学活动

研究性学习和现有的学科教学不同,研究性学习不仅仅局限于书本的理论知识,它更强调学生们从现实生活中得到感悟、得到思考,理性又感性地认识事物。它强调在生活中建立一个更全面的知识体系。要求融入生活、亲近生活,注重实践。

(二)研究性学习强调知识的联系和运用[①]

研究性学习和以往的兴趣小组、奥赛训练不同,它不仅是某一学科知识的综合运用,更是各个学科知识的融会贯通,如"节水洁具的设计"就至少需要数学、物理两个学科的知识。

学生通过研究性学习,不但知道如何运用学过的知识,还会很自然地在

---

① 康德坤. 高中物理情感态度与价值观教学目标研究 [D]. 贵阳:贵州师范大学,2015.

已经学过的知识之间建立一定的联系，而且为了解决问题学生还会主动地去学习新的知识。

（三）研究性学习能充分调动学生的学习兴趣和积极性

一般来说，学生上课都是老师教书学生看书，老师教什么学生就背记什么的一个被动式的学习过程。但是研究性学习不同，它鼓励支持学生不断地探索，自己找到应该学习什么内容、学习的方法。研究性学习大大提高了学生的学习兴趣和学习积极性。与此同时，学生在研究性学习中亲身探索到的知识也会记得更加牢靠。

四、研究性学习的意义[①]

研究性学习主要与传统的接受性学习相对。一般来讲，凡是学生通过自己亲身参与的实践活动（如观察、调查、访谈、试验、设计、制作、评估等）获取知识、得出结论、形成产品，而不是由教师将现成的知识、结论通过传递式教学直接教给学生的学习方式，都属于研究性学习。

研究性学习的本质在于让学生亲历知识产生与形成的过程，使学生学会独立运用其脑力劳动，追求"知识"发现、"方法"习得与"态度"形成的有机结合与高度统一。这是研究性学习的本质所在，也是研究性学习所要达到和追求的教育目标。根据这一理解，如果学生只能遵照教师制订的方案，按照教师规定的步骤与路线，探究教师提出的问题，生成教师想要的答案或结论，那么，这种"探究学习"其实并不是真正的探究性学习，因为它丢掉了研究性学习的实质与灵魂——知识的自主建构。所以，如果教师在课前就已经预设了所谓的正确答案或标准答案，然后在教学中总是有意无意地把学生的反应往预设的方向上引，不鼓励学生反应的多样性与异质性，不允许学

---

① 戴华. 高中名著阅读的研究性教学实践研究［D］. 南京：南京师范大学，2015；苗淼. 高职院校室内设计研究性学习教学模式研究［D］. 石家庄：河北师范大学，2012.

生失败，这样的探究多半是有名无实的伪探究、假探究。

尽管听讲式学习和研究性学习各有长短，我们不能简单地说听讲式学习就是落后的、研究性学习就是先进的，但不得不承认，研究性学习确有其独特的好处与必要性。国内有学者对开展研究性学习的理由进行了概括与总结，认为探究是一种人的本能，儿童天生就是探究者；探究是人的生存之本，是人类的一种生存方式；探究是学生了解和认识世界的重要途径；通过亲身探究获得知识是学生自己主动建构起来的，是学生真正理解、真正相信，是真正属于学生的知识。探究对学生的思维构成了挑战，有利于思维能力的培养；探究过程要求综合运用已有的知识经验，有利于学生将所学知识加以整合，也有利于学生学以致用；研究性学习有利于保护学生的好奇心，对于兴趣和个性的培养至关重要。探究有利于培养学生实事求是的科学精神和科学态度，有利于促进学生学会合作、学会交流、学会倾听、学会批判和反思，从而为民主品格的形成打下坚实的基础。在亲历探究过程中，学生会经历挫折与失败、曲折与迂回、成功与兴奋，这种学习经验是他们理解科学的本质与精神的基础。研究性学习引导学生自主获得知识或信息，对于学生学会学习和终身学习具有重要意义。

五、研究性学习的类型[①]

研究性学习存在多种类型和多种方式。就学生从事研究性学习的渠道与途径而言，可以把研究性学习分为"专门性的"与"渗透性的"两种：前者通过设置独立运作的"研究性课程"（有固定的课时保证；有专门的教师负责指导；有完整的课程方案，有课程实施的监控与评价）来引导学生从事研究性学习；后者主要是将研究性学习的理念、意向、成分有机地渗透到常规的课堂教学中去，比如，在课堂互动、作业布置等环节渗透研究性学习。

---

① 苗淼. 高职院校室内设计研究性学习教学模式研究［D］. 石家庄：河北师范大学，2012.

根据探究题材是否固定的答案的不同，可以把研究性学习分为"半开放、半封闭的准探究"和"完全开放的真探究"。前者通常只是让学生通过一定的探究程序去发现早已存在于书本或教材中的预知结论；后者则要求学生对完全开放的题材或问题进行真正意义上的探究，在这种类型的探究中，学生所要寻找的答案或结论在某种程度上是未知的，至少从教材中找不到现成的答案与结论，甚至在某些时候，连问题本身也需要学生自己去发现。显然，后一种研究性学习挑战性更高，更类似于真实意义上的探究。

根据学生探究领域或探究题材的不同，可以把研究性学习分为科学领域的探究学习、人文社会领域的探究学习，以及设计与制作领域的探究学习。应当看到，不同领域的研究性学习方式各不相同：对于情感、态度和价值方面的研究性学习，"换位思考""移情体验"和"行动参与"是必不可少的要素；科学领域的研究性学习相对来讲大家都比较熟悉，学生的探究过程不外乎是发现和界定问题，提出理论假设，搜集资料证据对假设进行检验，得出结论；设计与制作领域的研究性学习，一般来讲总会涉及"设计""制作"与"评价"三大核心要素。

六、研究性学习问题的解决

（一）结果良好问题的解决

按照既定的规则解决，如果现有的规则不可用，组合已有的规则。

（二）结果不良问题的解决[①]

（1）头脑风暴。问题的起点、目标明确，但是不知道解决问题的方法。

（2）个性化探究。问题的起点、目标明确，知道有若干种解决问题的方法，但不知道采用哪种方法最好。

（3）"手段—目标"分析法。只有问题的起点明确，问题解决的目标和

---

① 刘雪珊. 初中信息技术课程中学生自主学习能力的培养研究 [D]. 济南：山东师范大学，2007.

达到目标的途径与方法都不明确。

七、研究性学习的要求

一般来说,研究性学习需要更多的学习时间,需要准备充足的材料,需要学生到社会上进行调研与考察,进行实地的研究,需要经验更加丰富的老师加以指导。

在研究性学习的过程中,需要先弄清楚学习的本质、学习的要求、学习的真正作用。不再像传统的学习一样跟着老师的思维走,老师讲的什么就是什么,完全忽视思维的作用。研究性学习必须得理解学习,并且光理解还不行,我们还需要不断地总结升华,把每次研究性学习的结论做一个小结,整理出来。研究性学习是一个持续的、长久的过程,而且我们能研究出大众普遍接受的理论,却不能给它一个完全固定的界限,因为个体之间是有差异的,那么对于学习的理解就自然会不同,所适用的学习方法、学习的状态也会大不相同。幸而万变不离其宗,贵在研究。

第十节 体验式学习

【案例】

湖南农业大学外国语学院学生唐毓樱,曾任湖南农业大学外国语学院第十五届学生会学习部部长,获"国家奖学金""校一等奖学金",获校级"三好学生"、校级"优秀学生干部"、校级"优秀青年志愿者"称号等。

在学习方面,唐毓樱以体验式学习方法为主同时结合多种学习方法。从大一起她便对自己要求十分严格,上课从不缺课及迟到早退,正是在这样的严格要求和努力学习下,她取得了该学年综合测评全班第一、专业成绩全班第二的好成绩,获得2016—2017年度"校一等奖学金"并荣获校"三好学生"称号；大二，她学习依旧积极，学习成绩依旧名列前茅，综合平均成绩和专业成绩班级第二。在日语专业学习方面，她结合体验式学习（体验式学习是一个过程，是个直接感受、接受、认知与运用当下被教导的知识及能力的过程，指的是通过实践来认识周围事物，使自己全身心参与到体验学习的过程中，使学生自己真正地成为课堂的主角）。而在这个过程中，身为学习的主体，她不再仅是单方面地接收老师传授的知识，更重要的是利用那些可听、可视、可感的教学媒体做体验式学习开始前的准备工作，使自己产生一种渴望学习的冲动，自愿地全身心地投入学习，并积极接触、运用知识，在亲身体验的过程中掌握知识。

除了上课认真听课外，她还积极参与实践，将所学、所想、所思、所悟积极投身于实践中，积极参加各项比赛，在大一学期学院举办的国际文化月——日语配音比赛中获得三等奖，以优异的成绩通过了令大多数人头疼的日语专业四级考试，日语 N2 考试也以高分通过，并经面试和学院推举成为 2018 年赴日留学学生中的一员。

在活动方面，唐毓樱同学积极参加各种比赛，将自己在学习上所获得的知识积极投身于实践，以此积累更多的经验，从而获得二次改进，并以此形成一个良性循环，不断推动自己进步和成长。这就是体验式学习的作用、效果及魅力所在之处。正因为如此，她也荣获了诸多奖项。在大一期间获湖南农业大学第二届"我是教师"技能大赛二等奖、2015—2016 年湖南农业大学优秀青年志愿者、2016 年外国语学院中文演讲比赛三等奖。

在科学创新方面，她是敢想敢做的先锋。从大一时期开始她就听相关的创业创新讲座，观看相关新闻报道。善于发现创新的她大二时参加外国语学院第三届创客比赛获三等奖。2017 年 4 月她组织参与的"基于 SWOT 理论视角下分析学生组织服务大学生创新创业模式"研究被列为校级项目。

参与者被认为是主动地参与而不是被动地参与，而且实地地实践了这些教育性的方法与课题。在学习的过程中，主体从老师转换到学生。正是在体验式学习之下，她把自己作为学习的主体，做学习的主人，一直处于主动学习的状态，不断计划、评估以及为之努力和奋斗，从而实现自己的学习目标。

一、体验式学习的概念

体验，是一种亲身实践，它既是一种活动形式，也是一种活动的结果。作为一项活动，主体对事物进行体验和反思，作为活动的结果，主体从自身的体验和反思中获得认知、情感和知识的体验。而学习则指的是从听说、阅读、研究以及在实践中获得技能及知识的过程。这一过程通过亲身体验才能最终有效地完成。体验式学习则是这两者的有机结合。

体验式学习是个过程，是直接感受、认知、接受和运用当下被教导的知识及能力的过程，是通过实践来认识周围事物，换种方式说，则是通过学生参与和体验学习过程，使学生真正成为课堂的主角。而在这个过程中，老师的作用不再是一味地单方面地传授知识，更重要的是利用那些可听、可视、可感的教学媒体努力为学生做好体验开始前的准备工作，让学生产生渴望学习的冲动，自愿地全身心地投入学习过程，并积极接触知识、运用知识，在亲身体验过程中掌握知识。

在体验中学习，在学习中体验。如此一来，便形成了一种良好有效的学习方式，从而达到学习的最优化。就拿语言教学来说，语言教学的老师通常以学生为主体，然后借助身边可用感官接触的媒介，创造出让学生有所感悟、有所记忆的语言活动。对于学生来说，传统的语言学习都是外在的，而体验式学习却像是生活中获得的一种体验一样，它是内在的，是个人在情绪、形体、知识上参与所得到的。这种学习使学生真正成为课堂的主角。体验式学习会给学生带来新的刺激、新的感觉，加深了学生对于知识的理解和记忆。

二、体验式学习的本质

体验式学习是挑战性的、令人兴奋的，它包括了很多内容，像是针对个人或团队解决问题的行动、肢体上的挑战、游戏、组织练习、模拟练习、分享时间和有指引的冥想及有组织的互动。在活动中，学生们是体验式学习的主体，能够主动地参与到学习的过程，并且能够从体验中有所想、所悟、所感，获得有意义的经验、体会以及收获。

（一）体验式学习的本质

体验式学习的本质有以下四个主要特质。

（1）学生能够主动察觉正在发生的学习，过程是被察觉的。

（2）学生投入省、思、做、学的体验中，并且联结当下、过去和未来的学习状况。

（3）这是独具个人意义的内容与体验：对于当事人来说，学到与如何学到的，对个人而言有独特的意义和重要性。

（4）学生是整个人全然投入的，是一体式的学习，其过程牵涉到自己的身体、想法、感觉，不是只关于心智学习。

体验式学习关乎个人的体验，不仅仅是参与。参与者被要求思考运用自己的体验来作为自我了解的基础与自己的需求、资源和目标的评估。

参与者被视为是主动而不是被动地参与，并实地实践这些教育性的课题与方法。在学习的过程中，主体从老师转换为学生。因为在传统的学习法中，老师与学生的关系通常是不对称的，前者相比后者更处于教学活动的主体地位，此时的学生处于被动学习的状态。但在体验式学习之中，这样的不对称减少了，学生处于主体位置，处于主动接受学习的状态，学生计划、评估以及实现他们自己的学习。

在这一点上，学生参与整个过程的重点不在于老师将知识灌输给学生，而在于引导学生主动地学习，参与者为自己的学习负责任。专家与老师只是架构和资源的提供者,当学生试着主动消化外在的知识并内化为内在的参考资源时,学习就发生了。

(二)大卫·库伯体验式学习

美国著名的社会心理学家、教育家大卫·库伯(David Kolb),同时也是一位著名的体验式学习大师。大卫·库伯曾说过:"有效的学习应从体验开始,进而发表看法再总结形成理论,最后将理论应用于实践。"他的体验式学习模型是体验式学习理论的代表。大卫·库伯认为学习不是内容的传递与获得,而是通过经验的转换从而创造知识的过程。

20世纪80年代,大卫·库伯曾在他的著作《体验学习:让体验成为学习与发展的源泉》一书中提出了颇具影响的体验学习概念。此书中,大卫·库伯完整地提出了体验式学习的理论有一个四步骤的循环过程,并描述体验式学习的过程。

1. 大卫·库伯体验式学习模型包括四个步骤:

(1)具体的体验:实际经历和体验,投入当时当地的实际体验活动中。

(2)对体验的反思:观察和反思,从多个角度观察、思考实际的体验活动与经历。

(3)形成抽象的概念:抽象概念和归纳,通过观察和思考,抽象出合乎逻辑的理论与概念。

(4)行动实验:在新环境中去测试新概念的含义,通过运用这些理论来做出决策以解决问题,并在实际工作中对自己新形成的概念和理论进行验证。

2. 依据在以上模型中知识产生的位置不同,大卫·库伯划分四种学习风格:

(1)发散思维风格:派生于思考观察与具体体验,适合于需要丰富想象力、对不同观点敏感的学习。

(2)同化思维风格:派生于抽象概念化与观察思考,适合于综合不同观点，形成解释框架的学习。

（3）聚合思维风格：派生于积极试验与抽象概念化，适合于理论指导实践的学习。

（4）协调者风格：派生于积极试验，适合于开展学习与实践。

3. 为了体验式学习能够更好地进行，大卫·库伯给出了在每个阶段中进行教学或者学习所应采取的策略：

（1）实际体验：模拟、案例学习、实地考察、亲身体验、演示。

（2）观察和思考：讨论、小组活动、集体讨论、指定的观察者。

（3）抽象与归纳：内容的分享和传递。

（4）积极的试验：试验室试验、工作体验、实习、实际应用。

如此循环，形成一个贯穿的学习经历，学生主动在学习体验中完成调整与反馈，经历在一个学习过程中体验、在体验中认知的过程。

大卫·库伯察觉到当下的体验是基于反省的观察力的。呈现的是概念上的分析，且可以用主动的方式来进行测试，这样的测试产生新的体验，所以循环就开始了。这个模式允许个人偏好之学习风格的各种可能性的存在，例如，有些人偏好行动、有些人偏好省思。这个含义是一个有效能的学生能够有空间来运用广泛的学习风格。

体验式学习特别强调省思，此省思是由省思出来的体验提供架构及模式，并提供机会让参与者在精神上及彼此支持的氛围中来参与省思及学习的过程。

三、传统式教学法的概念

想要更了解体验式学习，我们首先应了解与体验式学习法相反的学习法——传统式教学法。传统式的教学，也就是老师在讲台上以授课或者演讲的方式将知识传授给学生，这种教学方法的学习成果仅限于智力层面。这种教学法是以"杯与壶"的理论为基础的，简单来说，听课者就好比是空杯子，等待着授课者从"壶"中将知识注入杯子里。这种学习方式是一种被动的学习方式，针对主题内容，学生不会被要求去表达他们自己的想法、感觉。他们可以保持个人的不自觉或对由主题内容引发的他人或者自己的情绪反应保持缄默。

而体验式学习致力于一种不同于说教式教学方式的学习训练。体验式学习拥有不同的特质，它牵涉到参与者本身是否准备好在各方面投入整个学习过程中。当我们早期的学习影响被重新评估时，我们在情绪上、智力上以及行为层面的整合上都会有新发现，成果将显示在我们实际的态度与行为的改变上。

四、体验式学习和传统式学习

（一）主动学习

在传统学习上，教师是教学的主体和中心，而学生则是教学的接受者，他们只要认真记笔记、完成老师的要求和安排即可。而在体验式学习中学生处于主体和中心位置，由学生发挥主动精神，主动学习，并且对自己的学习负主要责任，真正成为教学过程的主体，而教师只是起到引导和示范作用。

体验式学习更多地强调学生积极主动地参与，如果没有这种参与，就无法产生任何体验，更谈不上完成学习过程。

（二）寓教于乐

寓教于乐一直是教育界为激发学生的学习兴趣而试图攻克的难题。寓教于乐中的"乐"字包含两层意义：第一层是指教师把要传授的知识融入能激发学生兴趣的教学方法中去，尽量使教学过程对学生有足够的吸引力；第二层指的是教师通过调动学生，将学生的被动学习转变为主动掌握的过程。

体验式学习的提出为寓教于乐这方面的研究开辟了一条新的思路。在这里，"乐"的重心已有所偏移，即并非老师单方面在授课的过程中去制造的乐趣，而是学生在学习过程中主动体会到的乐趣。学生学得快乐，这才是寓教于"乐"的真实效果与真正实现。

（三）学以致用

学以致用一直是传统教育所面临的一个难题，其原因之一是学生很少有应用知识解决实际问题的机会、时间与场所。因此，学生应该逐渐意识到学习是一个通过实践运用循序渐进的过程。

体验式学习的优势在于，它能够为学生及时提供一个运用知识来解决实际问题的空间，使学生成功地进入现实的思想交流与语言表达之中。能够让同学们体验到"你所拥有的超过你所意识到的"，这是一种全新的学习方式，可以更直观地了解体验式学习与传统学习的区别。

（四）虚实结合

体验式学习是情境化的学习，在这里学习过程被置于各种真实的或者虚拟的语言情境之中。其关键在于，老师们实施情境化教学理念的时候应该对情境化教学保持一种发展的眼光和态度，应该认识到情境化学习不能仅仅是让学生表演一些已经非常熟悉和了解的情景对话小品。模仿确实是语言学习的必经之路，但更重要的是，不能忘记模仿是为了更好地创造。如果只是一味地强调模仿，一旦学生在生活中遇到真实情境，就会手忙脚乱、不知所措，因为学生们并没有掌握在真实情境下语言的灵活运用。虚拟情境应该力求逼真，在引导学生进行体验的时候要尽量使学生从外在的环境与内在的心境两方面都感受到自己正处在生活的语言空间中，而不是在一种被安排好的生活之中。要让学生对即将发生的事情无法预料，而又必须马上运用所学语言知识进行思考，做出反应，并加以解决，从而在一个解决问题的过程中获得对语言的深刻体验。语言的运用在生活中无处不在，老师应该充分抓住这一点，将语言体验与语言教学有机地结合起来。

比如，当教师正在上英语课的时候，一位迟到的学生走了进来，教师即可抓住这个时机，创造一次由这位迟到的学生参与的语言体验：让他对自己的行为做出解释。此时，学生面临的问题就不仅仅是说一句"I am sorry"，而是必须立刻运用所学语言就复杂得多的情况加以解释、致歉并保证此类事情不再发生。此时，他会遇到句型、选词、语气及语音语调甚至是言行举止的问题，并给以恰当的处理。教师可在体验结束后给予积极的评价，让学生意识到准确运用语言的价值，从而适应今后可能碰到的更复杂的情况。

五、有效体验式学习的特质

（一）内容程度适中

体验式学习拥有精简的课程。这些课程主要集中在重要的学习领域，其中元素是未来所要建设的重要基础，当其内容维持在适中的程度时，讲师便有时间去设计活动，去介绍、呈现、运用以及反映出当下学生所需要学习的知识内容。

（二）在情感、行为和认知的学习上取得平衡

体验式学习涵盖三个方面：培养态度；练习与发展技巧；促进对主题概念和模式的理解。一些培训课程倾向于只关注一个领域，而排斥其他领域，但是体验式学习指导者希望参与者了解更多的东西，并能够实践它。此外，讲师要求参与者来检查自己和被教导的知识之间的关系，并观察在参与者身上它是如何发挥作用的。

（三）参与团队的机会

在任何体验学习课程中，所有参与的团队都会有很大的好处，他们能够将训练课从被动的位置转化为主动。团队活动促进参与者全身心参与学习过程，并允许他们成为讲师的合作伙伴。讲师的讲授部分会减到最少，团队的高度参与是最大特色，如游戏、案例讨论、角色扮演和模拟练习等。

（四）运用参与者的专业知识

每个参与者在体验式课程中都带来他们自己的相关经验，这些经验有些是可以直接应用的，有些可能从之前的工作状况或遭遇中得到过类似的经

验。无论是哪种情况，大多数的学习经验都来自他们自身，他们可以制订自己的学习计划，能够提供很多机会让参与者相互学习。

（五）实际生活问题的解决

体验式学习注重知识与现实的联系，课程会安排机会让参与者运用课程内容解决其正遇到的实际问题。运用课程内容，不只是在训练之后，而且包括在课程进行时的主要任务。参与者将所学知识运用在解决自己的状况和案例上，是他们学习的最佳时刻。这赋予参与者在问题点上运用的能力。

（六）允许重新计划

任何训练课程的结论都会令参与者自然地问："那接下来要如何呢？"要衡量体验式学习课程是否成功，要看这个问题是如何被回答的。也就是说，如何将所学转换到工作或生活中。一个体验式的课程结束时，会考虑到参与者要采取的下一步行动，以及他们实行新想法和技巧时将会面对的障碍。

六、体验式教学工具

体验式教学工具（MTa）于1982年由英国心理学博士马丁·汤姆森（Martin Thompson）创立，学习活动种类超过100种，每个活动都是为特定的培训需求而设计的，是美国培训与发展协会（ASTD）年会最受欢迎的展览品，并被全球1000多家一流企业在培训中使用。

伯特管理咨询公司经过多次交流学习后将其引入国内。目前国内的体验式教学工具全部来自英国。体验式学习是一种以学生为中心的学习方式，这种学习方式的开展需要通过实践与反思的结合来获得期望的知识、技能和态度。MTa围绕一定培训目的，把学习活动化处理，形成在一定时间压力下的团队任务，并通过体验活动过程中发生的现象来进行深度反思，领悟管理原理并应用于实践。

第十一节　创新学习

【案例】

何子煜，湖南农业大学动物科学技术学院学生，先后获"国家奖学金"、校"二等奖学金"和校"三好学生标兵"、院"学习之星"等荣誉称号。

他因为喜欢与动物打交道而选择了这个专业，他说，想要成就一个更好的自己，就要坚持到底。"行路漫漫，我心如磐"。每个人想要成就更好的自己，都要经历一段漫漫长路，心如磐石者方可成功。何子煜，或许就是这样一个内心坚毅、勇往直前、坚持到底的人。"学如逆水行舟，不进则退"。何子煜深知其中道理，他一直保持着课前预习、课中认真学习、课后复习的习惯，他认为最简单的方法有着最显著的效果。我们翻开他的本子，发现上面写满了笔记，黑的、红的、蓝的醒人眼目。何子煜说："这些笔记是我通过上网查阅资料和向老师借阅讲义后总结而来的，有时候我还会借阅一些优秀论文，用来拓展我的知识面，收集整理的信息能帮助我充分地理解专业难点。"

越努力越优秀。从大一开始，他的专业成绩和综测排名一直稳居前三，他是同学眼中的学霸，也是老师的骄傲。但这并没有让他骄傲，在不断学习的过程中，他逐渐意识到自己的不足与弱点，并在随后的学习中不断调整自己的学习方式和方法，突破瓶颈，取得更大的进步。何子煜在与好友的交流过程中结合他的学习习惯，对自己的学习方法做出调整，在学习道路上取得进步的同时，也收获了一段珍贵的友情。

"怀着坚定的信念，我们能够把绝望的大山凿成希望的磐石"这是何子煜的座右铭。在何子煜眼里，即便需要翻山越岭也阻挡不了他前进的决心，他坚信，万般辛苦终会化作七色彩虹，高架于属于自己的晴空中。

美国社会哲学家芒福德（Lewis Mumford）在2003年提出关于创新的观点，在过去的十几年里，我们看上去已达成这样的共识：创新就是产出新颖而有用的产物。

创新学习（Creative learning）是指能够产生新颖而有价值的思维产品的学习活动。创新学习与常规学习的根本区别是创新学习的学习结果中蕴含了原创性、适用性的新观念。

一、追根溯源

"创新性学习"的概念是罗马俱乐部研究报告首次提出的。罗马俱乐部（The Club of Rome）成立于1968年4月，总部设在意大利罗马，是国际著名的学术团体。俱乐部的宗旨是研究未来的科学技术革命对人类发展的影响，阐明人类面临的主要困难以引起政策制订者和舆论的注意。

在18世纪工业革命以前，人们的目光总是盯着过去，注重以往的经验以维持当下的生活。在罗马俱乐部成立的1968年，出现了电脑，爆发了信息革命，世界在瞬息中千变万化，人们的目光从过去投向现在和未来，他们需要面对来自未来的、未知的挑战，这就是这个俱乐部成立的背景。

在知识不断变革的现代社会中，以前的知识在短短几年内就会过时、被淘汰，传统的维持性学习与不断更新的知识产生矛盾，使人们在新的挑战面前束手无策。《学无止境》提出，必须改革传统的学习方式，并用带有"预期"和"参与"的学习方式取代它。这种新的学习方式，就是我们现在所说的"创新性学习"[①]。

二、"创新性学习"与"维持性学习"的不同

大部分的中国学生采用的是"维持性学习"（或称"适应性学习"）的

---

① 任新. 回答未来的挑战——简评罗马俱乐部报告《学无止境》[J]. 未来与发展，1985（1）：1.

学习方式，注重获得已有的知识应对各种考试。课堂上，老师讲课，学生记笔记，下课之后，学生写作业、预习复习、定期考试，然后老师接着按课本推进课程进度……这就是中国学生学习的现状。这种集中管理、制度化的学习方式是高效的，也便于老师的集体授课和管理，但是，早在几十年之前，学者们就发现了"维持性学习"的弊端。

维持性学习体系的知识及理论是预先给定的，它重视对已有知识的掌握继承和积累信息的能力。这种学习方式自然有它独特的价值，但是它已经完全不能适应当今社会的需要。今天人类问题的解决不局限于一个封闭的领域内，而是必须以变化、联系、融会贯通为中心。

我们通常不易察觉自己的心智模式，以及它对行为的影响。我们都知道许多想法虽然很好，却从未能付诸实践。"眼看到手的东西又没了"，既不是由于意愿不强，又不是由于意志不坚定，甚至也与非系统性的理解无关，它来源于心智模式。

更确切地说，新的观点和知识未能得以实践的原因是它们与人们内心深处有关，世界运行模式的图像发生了冲突，而这些图像则把人们局限在自己习以为常的思考方法和行为方式之中。这便是为什么我们对不同的心智模式进行管理和修炼，包括浮现、观察、测试和改善有关于世界运行模式的内心图景。

由于没有意识到我们的心智模式，我们就无法察觉它，由于无法察觉，这些模式也就无法改变。随着世界的变化，我们的心智模式和现实之间的差距会逐渐变大，从而导致我们的行动越来越达不到预期目标。《皇帝的新衣》是个经典故事，它讲的是被心智模式禁锢的人。那些人心里总是想着皇帝威严的样子，因而无法看到一丝不挂的皇帝真实的样子。心智模式有时根深蒂固，具有惯性力量，往往会把最杰出的系统思考智慧淹没。

如果心智模式会阻碍学习，那为什么我们不能让它帮助我们加速学习呢？有三个方面的要素，可以帮助我们显露和检测心智模式的能力：一是提高个人意识水平和反思技能，二是使心智模式修炼制度化的"基础设施"，三是提倡探寻并挑战我们思考方法的文化氛围。

汉诺瓦保险公司首席执行官奥布赖恩发现了一组核心价值，这组核心价值有两项——"开放性"和"公德心"。他们把开放性看成是一剂药方，用来治疗人们在面对面交往中流行绕圈把戏的弊病："早上10点工作会议上对问题的说法，和晚上7点在家里或与朋友喝酒时的说法，从来就不一样。"公德心，就是以组织的最高利益为基准的决策，汉诺瓦用它来治疗另一个弊病，即"以官僚政治角力为基准的决策方法和游戏规则，靠印象决定能否晋级或者能否保住职位"。开放性和公德心结合起来，就代表一种深层信念，即如果人们开发更大的能力去探察并显露各自看待世界的方法，对其进行富有成效的探讨，那么，决策过程和游戏规则就可以发生转变。

修炼制度化是许多组织都做过的事情。值得我们注意的是，做出完美的战略规划并不重要，更重要的是利用规划过程来让我们对自己的假设进行反思，从而加速整个学习进程。

建设心智模式修炼的能力包含两大类的技能开发，即反思技能和探寻技能。反思技能涉及放松思考的过程，它使我们更能意识到我们的心智模式是如何形成的，以及它如何影响我们的行动的；探寻技能涉及我们和别人面对面的交往，还特别涉及复杂和冲突的问题。

心智模式修炼具体内容是什么？

第一，正视我们"声称的理论"即"我们所说的"与我们实际"实行的理论"之间的区别，并反思实践。我们如果没有反思在人际交往中学习的技能，那么我们的学习实践就一定是反应式的，而不是生成性的。生成性的学习实践要求各个层面的人在外部因素强迫他们改变之前，就能够显露并挑战自己的心智模式。

声称的理论和实行的理论之间的差距，可能会引起人们沮丧、失望的心情，甚至人们会出现玩世不恭的心态，但这种情况其实是可以避免的。它们之间的差距常常是愿景带来的结果,例如,"相信人"可能真是我愿景的一部分,于是,这方面的愿景与我的行为之间的差距就成为创造性变革的潜力。像"自我超越"所描述的那样,我们面对差距却不能说出真相。我们如果没有觉察和承认声称的理论和现实的行为之间的差距,就没有学习收获可言。因此,面对声称的理论和实行的理论之间的差距,我们要问的第一个问题就是"我重视声称的理论的价值吗?""那真是我愿景的一部分吗?"假如我们实际上对声称的理论并不忠诚,那么这个差距就并不是现实和愿景之间的张力,而只是现实和我,或是因为顾及别人怎么看而表白的观点。

第二,识别"跳跃性推断"要做到的是从观察跳到一般化概括。我们如何辨别跳跃性推断,通过不断地问自己,一步一步辨别自己是否跳跃性地回答了某些问题并忽略掉了某些真实的信息。

第三,暴露"左手栏"即明确说出我们通常不说的话。"左手栏"是让我们意识到什么时候有必要去跳跃性推断。开始时,我们要选择一种与某个人或某几个人交往的具体方式,而且感到那种交往方式没有成效,具体地说,交往没有产生明显的相互理解和学习结果,或者交往已经陷入僵局。我们要写出一段对话,并按脚本的形式写在纸张的右侧,而在纸张的左侧,我们要写出当时心里想说但没有说出来的话。左手栏练习总是能够让隐藏的假设成功浮出水面,并且显示它如何影响你的行为。这个过程让我们理清思路,寻找关键点。

第四,探寻与宣扬的平衡,获得有效学习协作的技能。主要问题是打破宣扬螺旋升级的关键,团队或者个人如果没有学会把探寻和宣扬相结合,那他们学习的能力就很有限。单纯的探寻为什么是有限的呢?主要是因为我们几乎总是有自己的观点,这与我们是否相信自己的观点是唯一正确的无关。因此,仅仅是许多问题的做法,就可能成为一种回避学习的方式,就可能把我们自己的观点隐藏在不间断问题的高墙背后。我们用纯粹宣扬的方式,要达到的目标就是赢得辩论。当宣扬和探寻结合时,目标就不再是"赢得辩论",而是找出最佳的论点。当探寻和宣扬兼有时,这些局限就消失了。

创新性学习与维持性学习最大的区别在于,创新性学习是主动地探索,而非被动地接受。它不规避试错的过程,不过分依赖以前固有的知识和经验,从而可以适应不断变化、更替的外部环境,它带有更强的参与性,让学生切身实践、体验到获得知识的过程。[①]

（一）维持性学习与创新性学习的不同

1. 学习目的

维持性学习的目的是继承前人已有的知识以求应用,承袭前人的成果以求再现,因而更加注重知识的接受、理解、记忆、运用,讲究"衣钵相传",追求"得道真传";而创新性学习则是在继承前人知识的基础上以发展、开拓、创新为目的,注重知识的发展性理解,要求掌握已知领域,展望未知领域,追求"青出于蓝而胜于蓝""踏着前人的肩膀向上攀登"的愿景。

2. 学习目标

维持性学习以完全掌握前人知识为终点,以提高应用能力解决实际问题为目标,因而更加注重知识的系统性、完整性,以及应用的技巧、技能,讲究"熟能生巧""根底深厚";而创新性学习则以掌握前人知识为起点,以应用发展知识为目标,注重知识的相对真理性、发展性,注重为发展知识而去掌握知识,在提高应用能力的基础上培养创新的能力和技巧,讲究"温故知新""推陈出新"。

3. 学习标准

维持性学习以掌握知识的深度、广度和应用能力的强弱为标准,注重学科体系的完整性、知识的广博性、应用知识的熟练性,形成了一套考试测验的方法。现在,考试成绩被视为学习成果唯一的衡量标准,加上种种社会因素,造成了"应试教育"的诸多弊病,培养的是"知识库"型人才。而创新

[①] 吴也显. 从维持性学习走向自主创新性学习之路 [J]. 语文建设, 2012（22）: 52-56.

性学习则以建立合理的知识结构、提高应用和创新能力为标准，不盲目追求掌握知识的数量，反而注重知识的结构，注重获取新知识的方法，注重分析和解决问题的实践能力，把学习能力、创新能力、实践能力视为衡量学习成果同等重要的标准。

4. 学习态度

维持性学习仅仅将前人知识进行汇集，缺乏开拓创新的眼光与视界，满足知识财富的获取，形成了小富则安的因循守旧心理，将前人的知识视为亘古不变的教条，造成了唯书、唯上的教条主义学风，创新精神被无形抑制；而创新性学习则以批判、发展的眼光审视一切知识，以追求真理的精神不断探究反映客观规律的真理，不盲目崇拜权威，赞成孟子所说的"尽信书，则不如无书"，以柏拉图"吾爱吾师，吾尤爱真理"的精神，挑战权威与前人，即便最后证明前人获得的真理性知识不可动摇，我们也将于探究、批判之中获得对知识的深刻理解。

5. 学习思维

维持性学习偏爱形式、收敛逻辑思维，从而造成思维的局限性、封闭性，解决问题依赖单纯的逻辑推理，分析问题依赖刻板的逻辑规则，拘泥于固定操作程序中，习惯解题运算的唯一正确答案，因循前人的思路与经验，鲜有独立见解与思考；而创新性学习则不仅仅满足于形式逻辑思维，反而十分注重辩证逻辑思维、创新思维、发散思维，形成思维的求异性、开放性，既重视前人获得的结论性知识，又重视前人创新知识的思维路径和特点，如爱因斯坦（Einstein）所说的，"发展独立思考和独立判断的一般能力，应当始终放在首位"。这种在学习过程中进行的创新思维训练，不仅能极大地提高学习质量，而且为以后工作的创新提供锐利的思维武器。

6. 学习方法

维持性学习以认知方法为主，注重博闻强记，推崇师承学习，提倡熟读经典，要成诵精熟、倒背如流，主张掌握知识的过程是"一讲、二练、三考",应用知识依靠"熟能生巧""举一反三"。维持性学习在充分吸收、消化和掌握前人知识的基础上,运用科学的学习方法,根据认知规律提高认知能力。而创新性学习则主张以探究式学习方法为主,提倡用研究与探索的方法进行学习,在学习中提高人们研究与探索的能力,这种探究式学习既有利于人们对前人知识的深刻掌握,也有利于培养人们创造与创新的能力。皮亚杰(Piaget)是"发现法"学习的倡导者,他主张一切真理都要让学生自己获得,或者由他重新发明,至少由他重建,而不是简单地传递给他。美国《国家科学教育标准》提出:"学科学的中心环节是探究。""卡内基教学促进基金会"的案例分析《重建本科生教育:美国研究型大学发展蓝图》也提出,"本报告倡导的以探索为本的学习要求在本科生教育方式上进行深刻的重构","本报告所体现的理念,将把流行的学生作为接受者的文化转变为一种学生作为探索者的文化,一种教师、研究生、本科生共同进行探索之旅的文化"。

(二)维持性学习与创新性学习的关系

1.维持性学习与创新性学习不是彼此对立、互不联系的两种学习理念。维持性学习是创新性学习的基础,创新性学习是维持性学习的提升与发展。我们不能否定维持性学习,因为它有现实性作用与历史性作用,但又不能停留于维持性学习上,不能忽视维持性学习的弊病,特别是不能忽视其对创新能力培养的抑制影响。我们必须努力在维持性学习基础上向着创新性学习发展。

2.创新性学习不是维持性学习的简单提升,而是必须对维持性学习有所扬弃。在某些方面要提高、发展,在某些方面要改变、舍弃,我们要看到二者之间在学习理念上的本质区别。

(3)创新性学习不是近代才产生的,其历史和维持性学习的历史一样久远。从孔子的"温故而知新",到孟子的"尽信书,则不如无书";从荀子的"青出于蓝而胜于蓝",到王充的"距师""问难";从反对"信师是古",到张载的"守旧无功",儒家文化也闪耀着创新性学习思想的光辉。在国外,歌德(Johann Wolfgang von Goethe)有一句名言:"单学知识仍然是蠢人。"德国教育家第斯多惠(Friedrich Adolf Wilhelm Diesterweg)说得很尖刻:"一个坏的教师奉送真理,一个好的教师则教人发现真理。"从"发现法学习"到"探究性学习",西方现代教育思想极为重视创新性学习。知识经济社会和学习化社会的到来,让创新性学习受到更大的重视。

(三)提高创新性学习的能力

1. 杜绝思维定式,学会个性化

世界是运动的、变化的和发展的。你又怎么可以只取一个角度来观察世界、观察生活?例如,目前大学生的各种活动,大大小小的都需要进行宣传,大的活动都跳不出发传单这样的思维,而且现在有很多人,看到发传单的人都会避而远之,实在没有兴趣。我们可以换一种方式,宣传的效果一定要有,形式上可以做个突破。我们通过折各种花或小动物等,在上面写上宣传语,发放给路人,大家都会觉得很新奇,很容易接受这种宣传方式。创新的过程就是这样,用不同的思维、不同的角度去发现一个个不同的、独到的事物。同时,我们不要随波逐流,不需要整齐划一,应该用一些鲜活的东西武装自己,形成自己独有的个性,这对于大学生来说就是一种创新。

2. 要具有敏锐的观察力和洞察力

当代大学生面临竞争激烈的社会环境,不少人眼中出现了茫然。当代大学生为什么会出现就业难的问题,也许这和"一心只读圣贤书,两耳不闻窗外事"有很大关系。当代大学生将很多精力放在学习书本知识上,一心扑在了条条框框的理论知识中,使思想受到了束缚,使社会洞察力和观察力远未达到职场对大学生的要求。如果大学生在就业或者创业的过程中,具备了敏锐的观察力和洞察力,他们终有一天将成功地站在事业的巅峰,去感受成功的喜悦。

3. 善问——掌握方法的根本

（1）会疑：任何事物都是发展变化的，前人总结的思想认识与实践经验，往往受时间、条件与文化背景的限制，即便当时是正确的、具有新意的，可是随着历史的发展，也会出现"到了千年又觉陈"的现象。因此，我们在学习前人积累的书本知识或实践经验时，不应一味地照学、照搬，必须要有所取舍、有所变更，根据现实的情况，提出新问题，才能有新的发展。

学习深入的一个重要标志，就是善于提出问题与分析问题。明代教育家陈献章指出："前辈谓学贵有疑，小疑则小进，大疑则大进。疑者，觉悟之机也，一番觉悟，一番长进。"王夫之说："由不疑至于疑，为学日长；由疑至于不疑，为道日固。"他们都说明了一个道理，学习的过程，围绕着一个"疑"字，有疑才产生问题，有问才引人深思，由此，学生的思维能力、学识水平才会螺旋式上升，不断提高，这就是"学则须疑"的意义之所在。质疑是问题的开始，质疑是创新的基础，只有当学生能质疑、会质疑，才有创新的可能。

学生在学习中可通过设疑形成"问题"空间，促使自己为"问题"而思，为"问题"而问，为"问题"而学，为"问题"而创。如学生通过一题多解、一题多变等方式，迫使自己一题多问，特别要注意设计一些对启迪智慧有挑战性的"问题"，激发自己探究、解决"问题的欲望"。

（2）会问：《学记》中说："善问者如攻坚木，先其易者，后其节目，及其久也，相说以解。"这句话的意思是说提问要由易到难。以劈木柴为例，我们先从容易砍的地方入手，然后再攻其他关节，随手就劈开了。同样，我们提问题要先提容易解答的，通过对容易问题的解决取得经验、树立信心，难题也会逐步得到解决。

著名教育家陶行知先生极为重视"提问"的方法，他在一首诗中这样写道："我有八位好朋友，肯把万事指导我。你若想问真名姓，名字不同都姓何：何事、何故、何人、何时、何地、何去、何如，好像弟弟与哥哥。还有一个西洋派，姓名颠倒叫几何。若向八贤常请教，虽是笨人不会错。"中国台湾著名教育学家陈龙安教授通过多年的教学实践，总结出了提问的技巧，即用十个词提问，"假如""列举""比较""替代""除了""可能""想象""组合""六W""类推"。通过这十种提问的方式，学生一般都能较好地提出问题，并且每一个问题还会有一定的发散性，可以培养学生的发散思维。

"会问"中还有一层意思就是要"会答"。答要从容，大小得当。问的问题小，回答就不可小题大做、借题发挥、炫耀自己；问的问题大，回答也不可敷衍了事、隐藏保留。浅题浅答，深浅合度，从容解答，这样，才能把问题说得透彻。正如钟声从容地响，才能"尽其声"。《礼记·学记》中说："善待问者如撞钟；叩之以小者则小鸣，叩之以大者则大鸣；待其从容，然后尽其声。"

学生从敢于问"问题"到善于问"问题"，是一个飞跃的过程，只有多问、勤问，最终才能实现这个飞跃。知识来源于问号，著名发明家保尔·麦克克里德（Paul McCried）说过："唯一愚蠢的问题是不问问题。"只要学生坚持不懈，就一定能悟出自己提问的方法，成为一个善问的人。

三、创新性学习的效果

澳大利亚的昆士兰大学（The University of Queensland）用矩阵实验室（Matlab）作为教授数学专业大一学生的工具。

矩阵实验室是一个使数据分析可视化的软件。在这个软件的基础之上，昆士兰大学为学生设计了一整套创新性学习模型。在这个模型中，学生首先在软件中运行一些简单的编码，熟悉软件的运行规则。然后，学生尝试着运行此图形用户界面，使一些复杂的概念和算法呈现在自己的眼前。接着，学生下载运行预写程序、重点学习课程的材料，从范例中学习编程技巧和语法，并试着扩展已有的编码，并在此过程中不断深入了解矩阵实验室的内部运行。最后，学生有能力编写自己的编码，并独立完成一些简单的项目。

调查显示，学生们对矩阵实验室的好感逐年上升，出现了许多"学校需要增加导师人数""编程是课程中最有意思的部分""矩形实验容易上手"等正面评价。

矩形实验室的应用将学生们从抽象的数学概念中拯救出来，以一种量化的形式具体地展现在学生面前，极大地提升了学生们的信心和积极性。同时，昆士兰大学的老师也发现，学生提的问题更有深度了，学生的注意力也更集中了。

还有个例子，露丝（Ruth）是一位实习数学教师，她参与了一个叫CPBL（Computerized Project-Based Learning）的项目，这个项目要求她使用几何学软件来教学，并且要求她在教学过程中遵循以下步骤：

（1）将一个已解决的几何问题作为课程的引入。

（2）不断提问"如果不这样呢"来使原来的问题变形成另外几种情况。

（3）在变形的情况上提出新的问题。

（4）着力于一个特定的问题，并解决它。

（5）提出假设证明/推翻刚刚的结论。

（6）总结计算结果，做总结。

（7）重复3—7的步骤。

一开始，露丝并不习惯这种教学方法，她感到疲惫而没有动力。后来，当她听说一个九年级的学生摩尔根（Morgan）因为这种教学方法自己发现了一个数学定理时，她深受影响，并改变了她之前的观念。

露丝说："一开始我问我自己，我在学校里应该怎么教书和我在这个项目里怎么教书有什么关联，在学校里不会有人让我们这样教书的，因此一开始我根本提不起兴致。直到我听说了摩尔根的事，我才感觉到我真的想那么做，想和同学们一起去探索和发现。"

露丝一开始对创新性学习产生的抵触情绪来自自己求学时代的固有经历。可见，我们从维持性学习走向创新性学习的过程中，势必充满了许多阻碍。

露丝又说:"有时候我会感到没有动力,这大概是因为我还没有习惯于这种教学方式。在我上课的时候我需要改进已有的数学规律,现在我们需要做一些不同于以往的事,做些从未做过的事情——发现新的东西。"学习能力与创新能力是密不可分的。学习为创新打下基础,而创新则是为了更好地学习。

由此可见,每个人在漫长的学习生涯中要去逐渐发现适合自己的学习方法,任何培养学习与创新能力的方法都必须以适合自己为基本标准,否则有可能适得其反。

学习也可以算是享受生活的一种方式,我们要发现学习过程中的快乐与满足,在学习中不断提高自己的学习能力。同时,我们要确立明确的学习目标,具备强大的学习动力,有信心和勇气克服学习道路上的艰难险阻。我们当年高三的拼搏与付出,只有在对比这些日子的时候,高考后的假期和大学通知书才会显得如此令人愉悦心安。在明显缺少督促力量的大学中,自觉显得格外重要,我们想想自己的目标和未来,自己督促自己是有必要的。

再说创新,创新能力的培养也是一个因人而异的问题,创新的基础是扎实的知识功底和广阔的视野,学过、见过才能发现问题,才会有接下来思考问题的过程,才能解决问题。在解决问题的过程中,我们要有发散思维,善于综合地分析问题,不受已有的和外界思路的束缚,敢于质疑和突破常规,这是十分重要的。最重要、最好、最有效的学习过程应该是在有所发现后敢于行动与实践。

综上所述,我们可以发现一点,学习与创新行为的培养浸润在日常生活的一点一滴中,我们只有在平时注意观察,认真广泛地学习,积极实践创新,才能真正提高自己的学习与创新能力。①

学习能力与创新能力是密不可分的。学习为创新打下基础,而创新则是

---

① 吴也显. 从维持性学习走向自主创新性学习之路 [J]. 语文建设, 2012 (22): 52-56.

为了更好地学习。

用一句话来概括创新性学习：创新性学习是在继承前人知识的基础上以应用知识和发展知识为目的，通过有利于培养创新精神和创造能力的学习方式进行学习的教学理念。

第十二节　多媒体学习

【案例】

在第二届"学习之星"比赛中，来自湖南农业大学资环院的陈文广脱颖而出，通过自己的努力，他一次性通过了英语四六级考试和国家计算机二级考试，大一大二连续两年综合成绩班级第一，获得院级"学习之星"比赛一等奖、院级"职业生涯规划大赛"三等奖。在学习的过程中，陈文广善于学习，也掌握着良好的学习方法，通过多媒体学习，他更加全面具体地学习各项知识、技能，并牢记于心，为己所用。他带领团队开展"湖南省丘陵区和洞庭湖平原区土地流转下的农户与农企的经济效益比较研究"的项目并在学校立项。在校期间，他先后获得全国第二届"互联网+"大赛校级三等奖、全国第三届"互联网+"大赛校级二等奖。他代表湖南省参加江苏卫视"一站到底"的比赛，如此多的知识量、多媒体学习的图文结合形式大大提高了他接受知识的效率。

我们都知道，随着社会的发展，多媒体学习逐渐发展普及，走向成熟，相比于传统的学习模式，多媒体学习所带来的好处也是显而易见的。从原则上看，当我们学习词语时，画面所呈现的内容，比只有词语的呈现内容效果更好。当词语和图像同时呈现时，学生就有机会形成言语和图像的心理模型，并在二者之间建立联系。工作记忆对视觉信息和听觉信息的分工是分离的，从空间接近原则上看，书页或屏幕上的对应词语与画面比隔开呈现更能提升学习效果。

媒体的发展是与科学技术的发展紧密联系在一起的，在这半个多世纪以来，媒体无论是在数量上还是质量上都有了质的飞跃，人们对媒体不再陌生，尤其是多媒体已经渗透到日常生活中。当多媒体广泛应用时，人们对媒体应用于教学领域的呼声越来越高，"多媒体教学"一词应运而生，由于教学领域以培养人为最终目标的特殊性，教师如何利用多媒体教学，学生如何利用多媒体学习已成为研究的热点。

一、双重编码理论

心理学家佩维奥提出了双重编码理论，他强调在信息的贮存、加工与提取中，语言与非语言的信息加工过程是同等重要的。因为人的认知是独特的，它专用于同时对语言与非语言的事物和事件的处理中。此外，语言系统是特殊的，它直接以口头与书面的形式处理语言的输入与输出，与此同时，它又保存着与非语词的事物、事件和行为有关的象征功能。任何一种表征理论都必须适合这种双重功能。我们假定双重编码理论存在着两个认知的子系统：其一专用于对非语词事物、事件（即映象）的表征与处理，而另一个则用于语言的处理。佩维奥同时还假定，存在两种不同的表征单元，即适用于心理映象的"图象单元"和适用于语言实体的"语言单元"。前者是根据部分与整体的关系组织的，而后者是根据联想与层级组织的。

加工类型：

（1）编码

直接激活语词的或非语词的表征。

（2）参考

利用非语词系统激活语词系统。

(3) 联想性

在同一语词或非语词系统的内部激活表征。当然，一个既定的任务也许只需要其中的一种加工过程，但有时则需要所有的加工过程。双重编码理论可用于许多认知现象，其中有记忆、问题解决、概念学习和语言习惯等现象。双重编码理论说明了吉尔福特智力理论中的空间能力的重要性。因为大量通过视觉获得的映象所涉及的正是空间领域的信息。因此，双重编码理论最重要的原则就是可通过同时用视觉和语言的形式呈现信息来增强信息的回忆与识别。

1975年美国心理学家佩维奥（Paivio）提出长时记忆中的双重编码理论。他认为长时记忆可分为两个系统，即表象系统和语义系统。表象和语义是两个既相互平行又相互联系的认知系统，表象系统以表象编码来储存信息，语义系统以语义编码来储存信息。人的视觉表象特别发达，他们可以分别由有关刺激所激活。语义编码是一种抽象的意义表征。一些离散的材料由于有了意义上的联系而被组织起来，使记忆变得相对容易。

佩维奥在做的实验中还发现，如果给被测试人员以很快的速度呈现一系列的图画或字词，那么被测试人员回忆出来的图画数目远多于字词数目。这个试验说明，表象的信息加工具有一定的优势。也就是说，大脑对形象材料的记忆效果和记忆速度要好于语义记忆的效果和速度。双重编码理论认为，人脑中存在两个功能独立却又相互联系的加工系统：一个是以语言为基础的加工系统，另一个是以意象为基础的加工系统。意象系统专门表征和加工非语言的物体和事件，它是由相互具有联想关系的意象表征组成的，而言语系统表征和加工言语信息，由相互联系的言语表征组成。认知是通过两个特殊表征系统支持的，这两个系统来自经验并且在表述和加工关于非语言的实物、事件的信息和语言信息上有明显的区别。

二、认知负荷理论

（一）人类的认知结构

认知负荷理论假设人类的认知结构由工作记忆和长时记忆组成。工作记忆也可称为短时记忆，它的容量有限，一次只能存储5—9条基本信息或信息块。当被要求处理信息时，工作记忆一次只能处理2—3条信息，因为存储在其中的元素之间的交互也需要工作记忆空间，这就减少了能同时处理的信息数。工作记忆可分为"视觉空间缓冲器"及"语音圈"。长时记忆的概念于1995年由爱立信（Ericsson）和金茨（Kintsch）提出。长时记忆的容量几乎是无限的，其中存储的信息既可以是小的、零碎的一些事实，又可以是大的、复杂交互、序列化的信息。长时记忆是学习的中心。如果长时记忆的内容没有发生变化，则不可能发生持久意义上的学习。

认知负荷理论认为教学的主要功能是在长时记忆中存储信息。知识以图式的形式存储于长时记忆中。图式根据信息元素的使用方式来组织信息，它提供知识组织和存储的机制，同时可以减少工作记忆负荷。图式可以是任何所学的内容，不管大小，在记忆中都被当作一个实体来看待。子元素或者低级图式可以被整合到高级图式中，不再需要工作记忆空间。图式的构建，使得工作记忆尽管处理的元素数量有限，但是在处理的信息量上没有明显限制，因此，图式构建能降低工作记忆的负荷。图式构建经过大量的实践能进一步自动化。图式自动化可为其他活动释放空间。因为有了图式自动化，熟悉的任务可以被准确流利地操作，对不熟悉任务的学习因为获得大限度的工作记忆空间可以达到高效率。

为了构建图式，信息必须在工作记忆中进行处理。在信息以图式形式存储到长时记忆中之前，信息的相关部分必须在工作记忆中提取出来并进行操作。工作记忆的负荷受材料的内在本质、呈现形式及学习活动的影响。

长时记忆中的图式是一种知识框架，在学习新材料时，图式具有中央执行功能。在学习新材料时，我们如果能从长时记忆中获取这类知识框架就可以通过知识框架所提供的方法来进行学习；如果不能获得关于这些材料该如何组织的知识框架，则得采取随机学习的方式。除了个体本身存储于长时记忆中的图式以外，其他人所习得的知识在个体的学习过程中也可充当中央执行者。

（二）认知负荷理论的类型和教学效应

认知负荷是表示在处理具体任务时加在学生认知系统上的负荷多维结构。这个结构由反映任务与学生特征之间交互的原因维度和反映心理负荷、心理努力和绩效等可测性概念的评估维度所组成。其中鉴定的任务特征为任务形式、任务复杂度、多媒体的使用、时间压力及教学步骤。相关的学生特征由专业知识水平、年龄、空间能力组成。心理负荷是认知负荷的任务和主体特征交互的方面，它是由我们当前关于任务的知识和主体特征来决定的，它是预期的认知空间需求指标，被看作是认知负荷的先验估计。心理努力是认知负荷中实际分配的用于容纳任务所加需求的认知容量方面，心理努力在学生学习时测量。绩效可通过学生的成绩来说明，如测试中答对题的数量、答错题的数量及所用的时间等。学生所付出努力的强度是获得可靠认知负荷估计的要素。

交际语言教学法（CLT）认为有三种类型的认知负荷

（1）内在认知负荷：由学习材料内部的关联程度决定，本身无法改变。

（2）外在认知负荷：由学习材料的呈现方式决定，本身可以改变。

（3）关联认知负荷：它本身属于外部负荷，但是增加它有利于学习。

三种认知负荷是累加的，如果它们的总和超出了学生的总体承载能力，就会使学习陷入困境。由于内在认知负荷通常难以改变，因而促进学习的最佳方法是减少外部认知负荷，同时在总体负荷不超载的情况下增加关联认知负荷。

教学效应及其描述：

(1) 目标自由效应

用目标自由的题目来代替为学生提供特定目标的传统题目。

(2) 样例效应

用已经解决好的样例代替传统的问题，这些样例必须认真学习。

(3) 完成问题效应

用待完成的问题来代替传统的问题，在问题中提供部分解决方案，其余的由学生来完成。

(4) 分散注意力效应

用一个整合的信息源来代替多种信息源（经常是图片并伴有文字）。

(5) 形式效应

用口头的解释文本和视觉信息源（多种形式）代替书面文本和图表等视觉信息源（单一形式）。

(6) 想象效应

让他们想象或心理练习材料来代替传统的附加学习。

(7) 独立交互元素效应

在呈现元素高交互性的材料时，先给学生呈现一些独立的元素，然后再呈现完全的材料。

(8) 元素交互效应

当使用低元素交互的材料时，想象效应等教学效应消失，而当使用高元素交互的材料时，它们又重现。

(9) 变式效应

不同变量或增加可变性及任务呈现的方式、定义特征的显著性、任务操作的上下文情境等情况。

(10) 专业知识反效应

对新生来说很有效的教学方法，在学生获得更多的专业知识时无效甚至产生相反的效果。

（11）指导隐退效应

随着基于知识的中央执行者的发展，基于教学的中央执行者逐步隐退，随着专业知识的增加，完整的样例可由部分完成的样例来代替，而随着专业知识的进一步积累，部分完成的样例可由问题来代替。

（12）冗余效应

用一种信息源来代替多种自洽（它们能被独立理解）的信息源。其中，想象效应、专业知识反效应、冗余效应是针对具有一定专业知识的学生而言的；样例效应、分散注意力效应、形式效应则是针对新生而言的。

三、理查德·梅耶（Richard Mayer）的多媒体学习理论基础

梅耶的多媒体学习理论是建立在坚实的理论基础和可靠的实证经验基础上的科学体系。多媒体学习的认知理论是理解多媒体学习的关键。双重通道假设、容量有限假设和主动加工假设是梅耶构建多媒体学习认知理论的基石，也是整个多媒体学习科学体系的逻辑起点。这三大假设赖以成立的理论前提正是双重编码理论、工作记忆模型、生成学习理论和认知负荷理论，由此构成了多媒体学习的理论基础。具体而言，双重编码理论和工作记忆模型为多媒体学习的认知理论构建提供了关键概念与元素；生成学习理论则为多媒体学习的认知理论构建提供了基本的解释性框架；而认知负荷理论则以多媒体学习的认知理论为基础，进而为多媒体教学的系列设计原理提供了关键支撑。多媒体学习的认知理论正是由这些关键概念、元素和解释性框架整合而成的。

（1）多媒体原则

学习词语和画面组成的呈现内容，比学习只有词语的呈现内容效果更好。这是由于当词语和图像同时呈现时，学生就有机会形成言语和图像心理模型，并在二者之间建立联系。

工作记忆对视觉信息和听觉信息的分工是分离的。

(2) 空间接近原则

书页或屏幕上的对应词语与画面临近呈现比隔开呈现更能提升学习效果。

(3) 时间接近原则

对应的词语与画面同时呈现比及时呈现能使学生学得更好。

(4) 一致性原则

在与学习主题无关的材料（词语、画面和声音）被排除而不是被包括时，学生学得更好。

(5) 通道原则

学习由动画和解说组成的多媒体呈现，比学习由动画和屏幕文本组成的多媒体呈现的效果好。

(6) 冗余原则

梅耶等注意到，信息适当冗余，也有助于学习。学习由"动画+解说"的材料，比学习由"动画+解说+文本"组成的材料，能取得更好的效果。

(7) 个体差异原则

多媒体设计对知识水平低的学生的影响要强于对知识水平高的学生。这是由于知识水平高的学生能够利用他们已有的知识补偿媒体呈现中的不足。

(8) 个性化原理

学生对交谈风格的多媒体材料的学习，效果要好于对陈述性风格的多媒体材料的学习。

第二章

大学生学习的特征

第一节 职业定向性

【案例】

第二届"学习之星"获得者侯宛君,她来自园艺园林学院,曾获国家奖学金、全国大学生英语竞赛三等奖和湖南农业大学"优秀团干"、湖南农业大学"校三好学生标兵"称号。侯宛君一直有一个做景观规划师的理想,并且在大学三年中也一直为这个梦想而不懈努力。手绘基础薄弱的她在大一时努力练习绘画,在完成老师布置的作业之余,还会自己去寻找一些优秀作品进行临摹学习,不断提高自己的专业基础能力;到了大二,她开始使用电脑制图软件,她在不断练习的同时,也对自己的未来进行了详细的规划,并为之不懈努力。侯宛君知道自己的理想是具有极强专业性的职业,因此她对专业技能的训练以及各方面能力的培养都十分重视,在专业课的学习上从来都不会松懈,除了练习基础能力以外,她还会时刻关注生活中的各类设计、景观等,开拓思维和眼界,为自己的设计提供灵感和思路。

侯宛君在学习的道路上找到了自己的职业方向,这是一件很了不起的事情,但更关键的是要主动去了解自己所选择的职业,并为之努力。

一、职业定向的内涵

大学生基于对过去自我的深思回顾和将来的设计展望,选择并确定自己的职业方向,即大学生的职业定向。职业定向是个人制定生涯目标、展现自我价值的前提,定向正确,未来成才之路才会较为顺利,自己才会事业有成;如若相反,则往往一波三折,举步维艰。职业定向的核心就是如何实现"人职匹配",使大学生的个性类型与职业特征的属性相一致,从而达到优化职业生涯发展和职业声望、提高工作满意度的目的。

二、职业定向的重要性

进入21世纪,我国经济飞速发展,大学生在人才市场上供求两旺。但是由于国内东西部经济发展不平衡,沿海发达地区提供的理想职位供不应求,大学生就业形势严峻,国家对立志成才的当代大学生提出了新的要求——要拥有一个良好的职业生涯规划,设计好阶段性的奋斗目标,不断进步和反思总结,才能达到实现自我、成就人生的目的。职业定向是职业生涯规划的第一步,也是大学生成才路上十分重要的一步。

三、大学生实现正确的职业定向有三个关键步骤

(一)全面搜集职业定向的信息

正确的职业定向的第一步,是对个体和环境各方面因素相关的信息进行全面搜集。影响大学生职业定向的因素主要涉及六方面:兴趣爱好、个性特征、能力特长、所学专业、职业声望、经济报酬。前四个方面是大学生自身的因素,属于职业定向的内部原因;而后两者是社会的因素,属于外部因素。这六个因素是需要有机协调的,是实现"人职匹配"的关键。所以,大学生在做出职业定向的决策之前,必须综合考虑这六方面的因素。

1. 兴趣爱好

兴趣爱好是人们寻求认识、掌握某种事物,并经常参与该活动的心理偏

向，也是影响职业定向的重要因素。兴趣爱好是一种强大的精神力量，它能启迪智慧，大学生根据自己的爱好去设计职业生涯，有利于在工作中充分发挥主动性和创造性。大学生若是有了兴趣爱好，工作便不再会是一种负担，而是一种享受。满足大学生兴趣爱好的工作，将保持他们工作的效率，以及工作的长期性和稳定性。

2. 个性特征

每个人都有其各自独特的个性特征，个性特征具有一定的可塑性，但十分有限。大学生在选择职业时，绝对不能忽视个性类型的巨大差异。个性特征既影响着活动的性质，又影响活动的效率。如果一个人从事与自己个性特征相符合的职业，那么对这个人来说，工作满意度很高、工作效率很高、流动率很低、职业发展前景好也很具有可能性。

3. 能力特长

自身的能力特长是影响大学生成才的重要因素，是大学生理想就业的基本条件，也是用人单位挑选大学生的关注点。所谓能力特长，包括了一个职业人所应该具备的各方面能力，如学习能力、适应能力、抗压能力等。不同的职业类型有不同的能力要求。科研类职业要求求职者具备很强的开发、搜集和利用信息的能力；政府机关公务员则更加强调求职者的交际能力、表达能力、独立工作能力和语言文字能力；工程师、编程人员更注重求职者的逻辑推理能力。能力可以通过实践来培养，大学生需要多参加社会活动，这样既具备扎实的专业知识，又具有一定的实际操作能力，能尽快胜任新岗位的工作。

4. 所学专业

兴趣、能力相似的学生，会因所学专业的不同，导致职业的选择千差万别。大学生具有某一专业的知识和技能，这是每个人的优势所在。每个专业都会有一定培养目标和就业方向，这是大学生职业生涯设计的基本依据。大学生迈入社会后所做出的贡献，主要靠所学的专业知识来实现，但还需要拓宽专业知识面，掌握并了解与本专业相关的知识和技术。

5. 职业声望

职业声望是指人们对不同职业的价值评价。我们从社会角度来看，在一定历史时期一般存在着相对相通的基本职业价值标准，且形成职业社会中特定的名次系列、职业声望尺度。职业声望不仅体现职业的等级层次，而且影响人们对职业的选择和社会的职业流动。职业声望较好的职业可以使个体获得心理满足并肯定自己社会价值的选择。

6. 经济报酬

对刚进入社会的大学生来说，独立生活的第一步就是要建立自身的经济基础，所以他们对经济收入高低的考虑是影响职业定向的重要因素。大学生对这一因素的理解，我们不能简单地把他们与拜金主义、享乐主义相联系。从某种意义上来看，它体现了大学生在经济方面实现自我价值的需要，包含着一种值得肯定的事业心。当然，大学生对经济报酬的考虑要综合市场、组织和个人三方面的因素，合理的薪酬可以从物质角度和精神角度同时激励大学生的工作积极性。

对以上六方面的信息进行全面搜集将大大有助于大学生对职业方向的判断，而信息的质和量将决定判断的准确程度。在搜集信息的过程中，大学生必须对自我进行比较公正和客观的评价，了解自己能力的优势和劣势以及兴趣所在。这一方面大学生可以通过对生活中一些行为和习性的审视来了解，另一方面也可以通过一些职业心理量表来帮助了解自我。另外，大学生还应该通过各种途径详细地了解各类职业的性质、待遇、升迁机会以及从业人员具备的条件要求等，因为这关系到自己未来的前途和发展。

(二) 职业定向信息的整合分析

面对搜集到的各种信息，大学生应该如何有效地利用它们，并对未来职业的定向匹配做出合理的决策？——职业定向信息的整合分析是解决这个问题的有效途径。

职业定向信息的整合分析是指将各方面的职业定向信息集中起来，综合判断和分析自己与相关职业的匹配程度。它既为职业选择决策者提供参考，又是未来职业生涯设计规划的基础。

信息的整合分析应该立足于兴趣、个性、能力特长的基础上，兼顾专业适应性、职业声望和经济待遇。我们可以通过职业定向信息自我整合决策表来帮助自己进行整合和决策：首先对上述影响职业定向的六种主要因素赋予权数，权数的大小在 0.1~0.5 之间。大学生可以结合自身与环境的情况，通过对各种择业因素重要性的理解来决定权数的大小。一般而言，我们可以对兴趣个性、能力特长赋予较高的权数，以符合人职匹配的原则。然后，我们根据个人对自身各种职业特性的认识，对自身与职业的匹配程度进行评估，分别计算出各类职业的加权分，最后对各类职业的总分进行比较、分析。具体方法如下：

第一，通过对自我的认识了解或者职业心理量表的测试，对自己的兴趣、个性、能力等进行评估，其中择业偏好为个体对相关职业的喜好程度；职业兴趣的类型可以根据霍兰德（Holland）的职业兴趣量表，分为现实型、研究型、艺术型、社会型、管理型、常规型；性格倾向分为外向型和内向型；气质类型则有胆汁质、多血质、黏液质和抑郁质四种。我们对自己相关能力的评估可以分为强、中、弱三个等级。

第二，根据前面对自我兴趣、个性、能力评估的结果，与各种类型的职业进行匹配，匹配的结果分为高、中、低三个档次，分别标记为"1""0""-1"，代表自身与该职业的匹配程度。在总体评价时，我们将分数相加汇总，得到的数字乘以权数为最终得到的分数。

第三，专业适应、职业声望、经济待遇接受程度对应的评分标准按好、中、差分别计分为 3 分、2 分、1 分，再乘以权数，得到相应的分数。

第四，将各类因素的加权分数汇总排序，加权总分最高的选项为职业定向的最优选择。

(三) 合理运用职业定向的策略

大学生在职业定向时，面对兴趣爱好、个性特征、能力特长、所学专业、职业声望、经济报酬等六大因素的影响，除了可以通过信息搜集和信息整合分析进行决策之外，还可以主动采取一些策略帮助自己做出合理的职业选择。

一般来说大学生在职业生涯中可以采取以下四种策略：

1. 试探性策略

试探性策略是通过一定时间的社会实践，判断工作是否适合自己，然后决定是否要选择这份工作作为自己未来的职业，是一种暂时性的试探。通过试探，大学生可以清楚地看到自己的优势和劣势，并以此作为更切实可靠的决策，来接受这种职业生活或寻找更适合自己的职业。

2. 弹性策略

职业的定向不可能是唯一的，如果僵化地进行职业定向，就会贻误良机，失去更多、更好的职业匹配机会。在进行信息整合分析的过程中，大学生对备选方案应该给予适当的考虑，结合自身所处的环境，做出正确合理的决策。

3. 过程性策略

个人职业生涯是一个发展和渐进的过程，大学生应该逐渐认识到自己与职业目标的差距，包括心理素质差距、能力差距、情感智力差距等，通过教育培训、实践锻炼等途径不断调整自我、完善自我、超越自我，实现自己理想的职业生涯。

4. 恒定性策略

职业定向是一个长期的过程，总体目标和方向应保持相对的一致性。职业定向具有稳定性这个特征，一旦进行合理的评估以及短暂的试探，大学生就要努力去实践、调适，同时培养和提高自己承受挫折的能力，以实现自己有效的人才匹配，最终发挥个人潜力，展示自我才能，实现人生抱负，体现人生价值。成才和成功常令人向往,更是大学毕业生所追求的目标。在成才之路上,大学毕业生必定会遇到诸多理想和现实不一致的问题,这就需要他们能够全面搜集信息,学会对信息进行整合与合理地评估,并运用策略帮助自己进行职业定向、规划生涯。在职业生涯过程中,大学毕业生要努力提高自身能力,适应时代发展的需要,树立正确的就业观,与时俱进,走好人生道路上这重要的一步。

第二节 途径多样性

一、第一课堂

(一) 第一课堂的内涵

第一课堂是指依据教材及教学大纲,在规定的教学时间里进行的课堂教学活动,它在教育教学中普遍使用。第一课堂以一定的教学理论或思想为依据,是教师给学生传授知识和技能的全过程,也称"班级上课制",主要包括教师讲评、师生问答、教学活动以及在教学过程中使用的所有教具,而大学生所谓的班级上课制是以课程为主,大家所学课程一致就组成了上课班级,他们可能来自不同的专业、不同的学院,甚至是不同的年龄。

(二) 第一课堂的特点

1. 讲解法教学模式

模式是理论的一种简约化形式。大学第一课堂常用的就是讲解法教学模式,其教学理论与指导思想是教师在课堂上通过对教材内容做深入分析和系统讲授,向学生传递前人积累的文化知识技能和经验。教就是传递,就是教师有效地讲授。学就是学生在已有的认知结构基础上,对教师所讲授的知识加以内化,形成新的认知结构。在这种学习过程中,一切新的学习都是在过去的学习基础上进行的。新旧知识的联系、知识结构的转化及新的认知结构的形成，只有通过教师的有效讲授才能顺利实现。

2. 需要完成一定的教学目标

教学目标是第一课堂的核心因素。当代大学课堂的教学目标是通过教师有效讲授、学生系统掌握知识，形成了新的认知结构。我们要学会运用所学事物的规律和原理，去解决生活中遇到的问题。

3. 固定的教学操作程序

一般的教学程序是把教材直接呈现给学生，教师控制着教学的每一个步骤，引导学生学习相关的知识。教学基本程序：复习旧课—激发学习动机—讲授新课—巩固练习—检查评价—间隔性复习。

4. 教师、学生和教材是主要的教学因素

教学因素包括教师、学生、教材、手段、设备、时间等。在传统的第一课堂中，教师、学生和教材是主要的教学因素。我们可以从以下五方面说明其特点：①传统教学课堂侧重学生知识的掌握和认知结构的建立，使学生在单位时间内能掌握更多的知识，体现学生在学习过程中认识的简约性特点。②在第一课堂中，教师始终控制、组织教学活动，保证教师讲授的主动性、流畅性和连贯性，强调教师主导作用，而学生较多地处于被动状态，易导致学生机械学习。③教学效果一般以显性效果为主。④教学效果容易检测。⑤第一课堂主要用语言向学生传授知识，因而适用于任何学科、任何教材的教学，也适用于任何年龄段的学生，具有一般性。

二、第二课堂

（一）第二课堂的内涵

第二课堂对大学生来说，是指在传统的课堂教学以外有教师指导、有计划、有目的、有组织开展的活动。它集实践性、自主性、多样性、趣味性为一体，在大学的校园里主要包括学术性的讲座和报告、文学艺术性质的社团活动、演讲比赛、各种艺术竞赛以及各种学校组织，意在提高大学生多方面的文化素质，培养大学生综合运用所学知识的能力。

（二）第二课堂的特点

1. 形式的多样性

苏联教育家苏霍姆林斯基认为，要使学生的智力得到充分发展，就必须为学生建立广阔的"智力背景"。高校的第二课堂活动是从培养人才的目的出发，让学生的智力和能力得到充分表现的空间，促进学生德、智、体、美、劳全面发展。第二课堂有提高大学生思想道德素质方面的活动，如青马工程培训、业余党校、团干培训；有加强素质能力培养的活动，如教师技能大赛、求真学术科技竞赛、"互联网+"创新创业大赛；有根据兴趣、特长、个性发展需要的各种文化团体活动，如书法、演讲、摄影等各种协会，各类兴趣小组，各种文艺社团；有培养学生动手能力的活动，如科技小制作，各种实验比赛；有培养学生社会实践认知能力的活动，如社会调查、"青年志愿者"、勤工助学、社会服务等。

2. 内容的丰富性

第二课堂的内容涉及国内外、校内外的历史和现实，涉及政治、经济、社会的各个领域，同时也涉及大学生的世界观、人生观及德、智、体全面发展的各个方面，如学术活动、科技活动、文体活动、社团活动、社会实践活动等。通过丰富多彩的第二课堂，大学生开阔了视野，增长了知识，提高了创造力与实际工作能力。

3. 场所的广阔性

第二课堂可以在校内，也可以在校外，涉及学校、家庭、社会。就学校来说，第二课堂涉及教室、食堂、宿舍、体育场馆、图书馆等场所。校外更加广阔，第二课堂涉及博物馆、名人纪念馆、故居、社会实践、志愿活动等。广阔的活动场所有利于大学生在发展第二课堂活动中，寓思想教育于活动之中，寓观察分析于活动之中，寓扩展形象思维于活动之中。

4. 活动的自由性

第二课堂活动有一部分有组织的活动要求大学生必须参加，其他活动皆为自愿的、自由的，即学生自愿参加的活动。大学生怎样参加、如何表现都有充分的自由。这种活动的自由性反映了大学生民主与权利的意识，因此学校对大学生参加第二课堂活动的行为应为指导而不能强制，否则会挫伤学生的积极性。

5. 影响的深刻性

第二课堂活动对大学生成才的影响非常深刻。第二课堂对大学生引导得好，将有助于促进大学生专业文化的学习，促进大学生德、智、体、美、劳的全面发展，有助于全面提高学生的素质，使其适应社会变革发展的趋势，使他们成为工作和生活的强者。相反，如果处理不好，极易造成大学生与专业文化学习的冲突，甚至影响学生的学习。

（三）第二课堂的积极作用

1. 拓宽知识，增长才干

随着社会的发展、科技的进步，国家对人才的素质要求也逐步提高。作为大学生，他们不仅要精通专业知识，而且要具备多方面的才能，这也是高校提出的"复合型"人才的根本依据。一个人能力的大小不能只看其学历的高低，而要看其综合素质。大学生较高的综合素质从何而来，除了学好本专业知识以外，还必须开阔视野，拓宽知识面。第二课堂为大学生拓宽视野、增长才干提供了重要渠道和机会，大学生利用好这个渠道有助于他们全面提高自身的能力和素质，为将来走上工作岗位打下坚实的基础。

2. 促进良好校风、学风的形成

第二课堂开展的情况，反映了一个学校的校风和学风，反映了一个学校的管理水平。学校指导好大学生的第二课堂，为大学生参加第二课堂创造良好的条件，形成一种积极向上、开拓进取、团结协作、艰苦奋斗的氛围，必将促进良好的校风、学风的形成。

3. 促进个性发展

大学生的个性发展不能仅靠统一安排的教学活动，还要靠参加第二课堂来实现。大学生根据个人的兴趣、爱好参加各种活动，提高自己某一方面的能力。如湖南农业大学坚持多年举办的演讲比赛、辩论赛、书法比赛，以及组织文艺社团等，对学生的个性发展有很大的促进作用。

4. 促进非智力因素发展和专业知识的学习

大学生第二课堂，不仅是为了培养学生某一方面的兴趣，还为了更有效地促进学生专业知识的学习。搞好专业学习的一个重要因素恰恰是非智力因素，非智力因素包括动机、兴趣、情感、意志、性格、气质、理想、信念等。许多心理学家研究表明，成就最大与最小的人之间，最明显的差异不在于智力水平的高低，而在于他们是否有自信心、进取心、百折不挠、不自卑等良好的意志品质。大学生专业课学习得好，往往有赖于这些良好的意志品质，而这些良好的意志品质或非智力因素的培养，很大程度上是通过参加第二课堂活动来实现的。

三、社会实践

（一）社会实践的内涵

大学生社会实践是指按照高等教育目标的要求，有组织、有计划、有目的地引导大学生深入实际、深入社会、深入生活，从而提高其全面素质的一种教育活动，是高等教育的重要环节，是大学生健康成长、全面成才的重要载体，是大学生学习的一种重要途径。

（二）社会实践的特点

1. 理论与实践相结合

传统的教学模式通常是重视知识的传授，注重理论知识的学习，往往忽视了实践能力的培养。第三种学习途径——社会实践就为大学生将理论与实践相结合提供了机会，创造了平台。大学生通过社会实践的学习途径，把课本所学的理论知识和生产、生活实际联系起来，可以将书本的知识转化到实际生活中，而且也可以借这个机会不断地完善知识体系、拓宽自己的知识面。大学生可以加深对课堂所学知识的理解，使自身知识不断地更新和补充，为今后的发展打下一个良好的基础。

2. 服务于社会，体现大学生的价值

在社会实践中，大学生用自己所学的专业知识为社会发展服务、为劳动人民解决生产和生活实际困难，在这个过程中他们分析问题和解决问题的能力得到全面的锻炼和提高，同时也增加了自信和学习的动力。

3. 大学生初涉社会的大门

当代大学生在客观上与社会接触得比较少，社会实践经验普遍不足，对社会缺乏深刻的认识，造成认知的片面性和思维的局限性，容易用理想主义的眼光来看待社会和人生，但他们对社会主义事业抱有很高的期望。通过组织社会实践，大学生能够走出校园去感受、体验社会主义建设所取得的巨大成就，同时能够看到由于多种原因所造成的社会发展不平衡的现象，认识到社会改革和建设的复杂性与艰巨性。

4. 有一定的"风险性"

随着社会经济的发展，随着高等教育从精英化向大众化的转型，大学生的心理问题日渐突出，并呈现日益上升的趋势。社会实践互动让大学生离开父母，离开舒适安逸的校园，离开丰裕的物质条件，让他们深入社会基层，引发他们的自主行为，可以锻炼他们的意志品质，培养他们吃苦耐劳、坚韧不拔的品质，提高大学生心理承受能力。

【拓展】

案例一

近日，某高职院校一位副院长的一段讲话视频在微博上热传。在视频中，他对学生在校创业给予了很高的评价，他认为学业好是好学生，创业好是更好的学生。这显然并非他的个人之见,而是学校的"风气",他描述:有一个学生,因为创业,七门课不及格,学校最后研究决定给他如期毕业,不光如此,还将该生推荐参评该省优秀应届毕业生。他还介绍,该校的学生可以用创业的业绩来申请某些课程免修、免听,甚至免考。

这个学生七门功课不及格,不仅能如期毕业,还能被推荐参评省优秀毕业生,这样的例子,估计会颠覆不少人的认知,莫非真的是成绩好不如赚钱好?近年来,国家出台相关政策鼓励大学生创业。创业不易,能在校选择创业的大学生,不仅需要眼光,更需要勇气、毅力,这需要学校给予大力的支持。

但是,我们能不能就说"创业好是比学业好更好"呢?能不能因为一个学生创业,导致功课挂科,甚至还能评优呢?能不能用创业的业绩来换取"免修、免听甚至免考"的特权呢?

案例思考

毋庸置疑,在创业和学业之间,本就没有可比性。据悉,这是一所高职院校,相比其他本科院校,可能会更重视学生的就业创业,视频中的讲话者还是该学院的副院长,我们应该去理解他对创业的推崇。但是,既然是一所学校,学业永远是最根本的,换句话说,课堂教学应是学校最倚重的,完成课堂学业也是学生最重要的任务。即便是以"创业"为主的这样的学院,也应该是通过课程教学,让学生具备创业的基础知识以及技能,为将来创业打基础。当然,为了体现学院特色,学院一般也会安排创业实践,甚至鼓励学生尝试在校创业,这并不意味着基础的学业教育就可以让位于创业。

更进一步说,完成学业应当是学生的本职工作,我们很难想象,一个连自己本职工作都不能完成的人,将来如何能成为优秀的创业者。即便我们并不能排除这样的例外,作为一所学校,也不能为这样的创业者大开方便之门——让他不仅顺利拿到了学位,还参评优秀毕业生。这首先是对其他学生的不公平,更重要的是这会产生严重的负面激励。试想一下,如果该校树立了"成绩好不如赚钱好"的典型,这会让更多的学生盲目地在创业路上冲撞。但创业从来都不是容易的,多少学生会在这个过程中撞得头破血流,最后不仅创业没有建树,学业还会因此而荒废。

至于"用创业的业绩来申请某些课程免修、免听甚至免考",这言下之意就是鼓励学生跳过学技能的过程,直接去创业。我们姑且不说这是否现实,这样本末倒置的逻辑,本身就很可怕。学院如果一定要体现创业的特色,完全可以设立创业实践的课程,一来可以让学生修学分,二来可以增加教学指导的环节,减少失败率。

说到底,这种所谓的"创业更好论",以及"创业抵学业"的校规,折射的是一些院校在人才培养方面过于急于求成。殊不知,这不仅无益人才的培养,反而产生反作用。(《潇湘晨报》节选)

案例二

"跆拳道展示与防身术教学课""街舞体验课""企业经营模拟沙盘对抗教学课"……福州大学大一学生吴锐这学期只要完成这12次课,就可以获得校选课2学分。

据了解,这是福州大学的"第二课堂"(大学生第二课堂创业实践选修课),由学生社团联合会2008年创办的,并在2010年获得学校教务处学分认证。学生上完本学期"第二课堂"所有课程即可获得2学分,抵校选课学分。据了解福州大学的"第二课堂"是作为正式的选修课程,按照校选课标准常年开设的,课程涵盖学术、经济、思想、科技、艺术、体育、公益类,由12个不同类型社团的学生授课。

黄小芮说:"'老师'是学长、学姐,内容是趣味性强的社团文化和活动。上课氛围很好,大家兴致盎然。"黄小芮是福州大学物理与信息工程学院的大一学生,她上学期参加的"街舞体验课"让她印象颇深,课程结束后她留在社团里继续学习街舞。

福州大学酷玩协会负责人肖志颖是"街舞体验课"的"老师",他为了备课，之前烂熟于心的动作他都要再去观看视频教学，把最基本的动作分解开来。肖志颖说："我们在教学中也会介绍街舞文化和嘻哈文化。"正是这样流行又简单的课程，充分提高了学生的课程参与度。

案例思考

有一部分同学表示："首先上课时间在周六晚上，其次担心仅两个小时的课堂没法学到真正有用的东西。"

还有同学质疑其中"混学分"的学生不在少数。"课程种类很多很丰富，但我不喜欢松散的课堂氛围。讲座介绍类的课程有不少人在浑水摸鱼。"

该课程主要负责人表示："目前考勤制度正在逐步完善，而学生针对介绍性课堂的质疑，我觉得这倒也不违背初衷。我们是想以多形式的课程，扩展学生视野，激发学生兴趣，起一个抛砖引玉的作用。"

"第二课堂"的确有着自己的优势和弊端，但第二课堂如果真正作为一门大学生的课程来说的话，我们需要从课堂建设入手，要讲学生爱听的课。如果学生只是为了单纯的学分而来的话，第二课堂的开设就没有了意义。第二课堂如果作为一门必修课程的话，学校也要给予一定的实际支持，可以聘请一些社会上的知名教授来指导一下学生的第二课堂，如此方可提高学生的积极性，真正达到第二课堂应该有的效果。

第三节　主观能动性

【案例】

谈到主观能动性和研究探索性，我们就要提到第三届"学习之星"的参赛选手李雨璇。信息工程专业的她在专业课的学习上从未松懈，一直保持着热情。

谈到学习方法，对于李雨璇来说那就是主动：主动去预习，主动去发现问题，主动去寻找解决问题的方法。为了锻炼自己的专业技能，李雨璇还加入了互联网创新实验室。实验室内都是经验丰富的学长、学姐和优秀的指导老师，她只有更加努力才能跟上课题进度，因此主动学习变得分外重要。发现问题的过程是一个痛苦的过程，如果主观意愿不够强烈的话，问题和漏洞的发现就变得尤为困难。互联网的学习有很多都是千篇一律的内容，很容易让人产生厌倦的情绪，在这样的情况下，主动地去获取知识成了进步的主要方式。

李雨璇在科研中的探索和努力是她发挥主观能动性的表现，她以计划作舟，用努力作桨，在科研的长河中一路向前，这是主观能动性与研究探索性的结合，也是她成为一个优秀学者的必由之路。

一、自问

（一）自问的含义

"自问"一词在白居易《书绅》一诗中就出现过："岁晚头又白，自问何欣欣。"该句的中心意思就是要进行自我反省。大学生学习的重要特征之一也是自问，学生从高中升入大学，学习环境发生了巨大的变化，老师和辅导员约束得少了，供自己支配的时间多了，在生活上要学会自理，在管理上要学会自治。大学的学习不同于高中的学习，每个人都有属于自己的兴趣和爱好，学习的方向自然也大不相同，大学的学习更注重独立思考的能力。无论在哪个领域，学习的第一步就是提出问题，那么，如何在没有练习册和教科书的前提下提出问题呢？自问就成了大学生学习的第一个部分。

（二）自问的特征

1. 与兴趣相关联

兴趣是学习的内在动力，大学生只有对学习产生兴趣，学习这方面的知识才有了内在的动力，才能水到渠成。没有兴趣的引导，学生不会对某个学科或领域进行了解,更遑论提出问题。自问更像是开启某一学科的大门,只有当你能够对想要学习的方向提出问题时,你才算是拿到了这扇大门的钥匙。兴趣可以说是最好的老师,大学生无论是想要学习自己本专业的知识,又或是学习专业外的知识,"兴趣"都能带领学生进行领域内的探索。

2. 与个人性格相关联

在自我学习的过程中提出的问题无疑取决于个人性格。对于性格比较保守的人来说,他所想到的问题或许会更加偏向于中规中矩,更多的是在目前现有的框架里探寻细节;而对于性格开放、能够跳脱框架进行思考的人来说,他所提出的问题更多的会是富有新意和创造力的。这两类人并无优劣好坏之分,就好比在某一个领域进行开拓充实的过程中,我们需要第二类人新奇的想法,同时也需要第一类人对基础框架进行构建和充实,二者缺一不可、相互联系、密不可分。

3. 与掌握的知识相关联

古语云:"仁者见仁,智者见智。"一个人目前所具备的知识水平和能力在很大程度上影响了他的思想,也影响了他提出问题的深度。通常意义上,一个刚进入大学的大一新生和即将毕业、正在撰写毕业论文的大四学生,在某一热点事件或某本专业书籍上的见解会有很大不同,原因正是他们所掌握的专业知识有着很大的差距,在知识水平上的差距决定了他们在思考问题上的角度、广度、深度不同。

(三) 自问的意义

纵古观今,提出问题往往是开辟某一领域或某一新思想的第一步,只有提问才能使人们进行思考和探究,才能活化僵硬的思想观念。春秋战国时期,社会产生了大波动和大变革,当时的思想得到极大的开放,社会局势复杂,各式各样的社会问题开始出现,人们开始对社会上的各种问题提出见解,各学派应运而生,出现了百家争鸣的繁荣局面。这种思想活跃、学术繁荣的境界,始于人们对复杂社会问题的提问,始于人们内心的探究欲。就大学生而言，他们尚且达不到学术上"百家争鸣"的程度，但是自问对于大学生来说仍然十分重要。论文的选题需要我们对选题材料提出问题，老师在课堂中提出的问题需要我们进行深度剖析和自我提问，进而查阅资料进行解决，这些都是我们在学习中需要做的事情。

二、自学

（一）自学的含义及其重要性

自学又称为自我学习能力，是个体学习能力中最为重要的方面，它是指一个人独立学习并获取知识、不依赖他人个体独立探求知识，是多种智力因素结合和多种心理机制参与的一种综合性能力，其本质上是一种主动发现并探索问题的精神。在多数高校，教学条件相同但学生的学习成绩不同，这反映了学生学习能力的差别，其中自学能力是一个重要原因。在大学生的知识"30%由课堂授予，70%由学生从课外的学习中获得"的情况下，综合素质好、学习成绩优秀的学生往往具有比较强的自学能力，这正确地评价了大学生的学习能力，高校更应拓宽大学生获得知识的途径。

（二）自学能力培养的意义

1. 是学好本专业的需要

大学生学习本专业的课堂学习时间相对较少，老师在课堂上授予知识的时间也十分有限，仅仅通过课堂把专业知识学得扎实是十分不现实的，因此他们要利用课外时间进行自学。大学生只有不断学到新的、有用的知识，扩展自己的知识面，在激烈的社会竞争中不断进取、迎接挑战，才能在本学科范围内有所发现、有所成就。

2. 有利于提升科研能力

从信息论的角度讲，大学生的自学能力应包括选择信息、理解信息、整理信息、生产信息的能力。而无论是从理论还是实际的角度来讲，自我学习的能力都更加重要。自我学习的能力在科研中更多表现为查阅、研究文献的能力，据美国国家科学基金会、日本国家统计局的统计，科研人员在一个研究项目中，用于查找和阅读情报资料的时间占完成该项研究课题时间的50.9%，计划思考时间占完成该项研究课题时间的7.7%，试验和研究时间占完成该项研究课题时间的32.1%，编写研究报告的时间占完成该项研究课题时间的9.3%。由此可见，查找和阅读情报资料占用了研究人员大量的时间，自学能力的培养就显得更加重要。

3. 是当今时代的要求

从现代科学信息技术发展和经济信息迅猛增长的特点来看，我们只有培养大学生的自我学习、独立获取知识的能力，学生在未来走上工作岗位之后才能拥有"后劲"，才能不断学习到新的知识、拓宽自己的知识面。知识可能会遗忘，能力却伴随我们终身，伴随着信息时代的到来，知识更新的速度也在不断加快，大学生在大学里所学到的知识很快就会过时，他们如果没有很强的自我学习能力，在竞争越发激烈的社会便很可能被淘汰。

（三）如何培养自学能力

1. 找到兴趣方向

正如上文中所提到的，兴趣对学习的引导作用是十分重要的，有了兴趣的指引，学习就能变得"有意思"起来，学生也更有学习的热情，因此，大学生在培养自学能力之前要找到属于自己的兴趣方向，有了大的方向，在学习上也能制订相应的学习计划和学习安排。假如某位同学的兴趣更注重理论，那他可能在图书馆进行理论研究的时间会更长；反之，如果他的爱好更偏向社会实践或需要动手操作，那学生可能会把自学的重心放在各种各样的实践以及实验研究中，这是"因兴趣而制宜"。

2. 明确学习的计划和目标

一份简洁有效的学习计划表在完成计划、实现目标的过程中是具有十分重要的意义的，它能帮助学生一点点累积知识和经验，踏上一个又一个的学习台阶，直至完成学习目标。首先，大学生应当明确要完成的目标；其次，大学生对这一目标进行分步或分阶段的规划，将计划任务细化到每学期、每月甚至每天，在这期间需要突出学习的重点，分清楚任务的轻重缓急，提高自学的质量和效率，更高质量地利用时间。

3. 找到学习方法

学校最重要的任务是帮助学生进行学习和思考，部分高校也开设了大学生学习方法指导的选修课，在大学里学生的学习方法很多，主要有"SQ3R"（浏览、发问、阅读、复述、复习）学习法、问题解决学习法、发现学习法、浓缩学习法、抽象概括学习法、操作学习法、模拟学习法、社会调查法、使用工具书刊法等。但是成功是不能通过复制学习方法来重现的，每个人都有最适合自己的学习方法，好的学习方法可以吸取借鉴，以形成自我的学习方法。

一个社会调查表明，有不到30%的学生通过听觉掌握了课堂75%的知识，40%的人通过阅读或者观看掌握了课堂75%的知识，15%的人通过触觉学习得最好，他们需要触摸物体、写、画才能更好地掌握知识，另外15%的人是动觉学生，身体体验可以使他们收获更多。因此，每个人的情况不同，学习方法自然也大相径庭，学生要通过在课堂上老师教授的知识对自己提出问题、进行研究，在不断重复的这个过程中找到适合自己的学习方法，这样无论是课堂学习还是课外自学都能事半功倍。

三、自行

读万卷书是积累知识的过程，简单来说是自学；而行万里路是融理论知识于实践的过程，简单来说就是自行。这二者就像是理论与实践的关系，从古至今都是学子们热议的话题，有"纸上得来终觉浅，绝知此事要躬行"的说法，也有"耳闻之不如目见之，目见之不如足践之"的说法，许多诗人的诗句都表明了理论结合实践的重要性，达·芬奇（da Vinci）也曾说过："科学是将领，实践是士兵。"没有实践的学习是不完整的，理论会因为没有实践的填充而变得空洞。

自行不一定完全是字面上的"行走"之意,进行实验、与他人进行沟通交流也同样是实践,创建理论的意义是用于实践,实践也是检验真理的唯一标准。

第四节 研究探索性

一、文献综述

文献综述是对某一领域研究成果的综合和分析,对领域内现有知识的总结和对未来发展方向的期望,使读者完整、系统地了解这个领域,同时也使读者对作者的研究能力产生信心。一篇好的文献综述能够有机整合相关领域的知识以及现有研究成果,来对它们进行评价,指出研究结果的异同,在分析研究现状的情况下,为以后的研究指明方向。

批判性的文献犹如研究中的地图,它能指导研究者之后的研究方向,推动研究朝更深层次的方向发展。在撰写文献综述的过程中,研究者可以从其他研究者的文献中得到灵感,把前人的研究成果作为自己将来从事某些科学研究的基石,通过对现有领域科研不足的问题进行探索,就有较大可能提出科研前沿性的问题。

文献综述分为五大类,分别是背景式综述、历史性综述、理论式综述、方法性综述、整合式综述。背景式综述介绍的是某一问题的研究意义,读者可以从中了解到有关研究问题的相关背景信息;历史性综述介绍的是某一研究项目的历史发展进程,有助于读者对该领域有一个全面而完整的认知;理论式综述通常是对领域内目前存在的几种理论进行比较分析,说明它们的优缺点;方法性综述是对某课题的研究方法进行综述,包括研究设计、样本选取等各方面对研究结果可能产生的影响进行评价；整合式综述是将课题有关领域的研究报告和论文进行整合，为读者呈现完整而系统的研究现状。

二、调查报告

调查报告是对某一社会现象或者社会心理进行总结，从而进行分析，揭示规律、得出经验的文体。

调查报告主要分为四大类型：介绍典型经验的调查报告、揭露问题的调查报告、反映新生事物的调查报告、反映社会情况的调查报告。介绍典型经验的调查报告是指在实施某项政策时，对取得了优秀成效的某些行政单位或者企业的实施方式进行调查研究，写出调查报告；揭露问题的调查报告是指对某一问题产生的原因、过程进行探索研究，从而进行揭露和批判；反映新生事物的调查报告是针对社会某新生事物进行背景、现状、未来可能的发展方向等各方面进行调查而写成的报告；反映社会情况的调查报告囊括的范围较广，主要包括社会风气、婚恋习俗、医疗卫生等各方面，因其贴近人民生活、有反映社会现状的特点而受到媒体的关注和重视。

调查报告具有真实性、理论性、时效性，能够剖析某一社会现象深层次的原因，对未来此现象的发展有着较为准确的预估作用，并且能够与时俱进，积极反映社会现实，对解决问题具有十分重要的作用。

三、实验论文

在古典文学中，论文一词指的是交谈辞章或交谈思想；在当今学术界，论文是描述自己科学研究成果的文章，通常用以学术会议上的交流讨论，或是学术报刊上的发表。实验论文是指通过大量的实验为论文的撰写提供材料，达到论文中的数据有事实可依、更具有可信度的目的。

论文具有四大特点：学术性、科学性、创造性、理论性。学术性要求作者在撰写论文的过程中不能带有主观的偏见，一切都要以事实为出发点，进行严谨的论证和合理的推测；科学性要求论文内容符合唯物主义观，具有理性的特点；创造性要求作者的论文内容有新意，能提出新的观点和新的理论；理论性要求作者的论文遣词准确、语句通顺，能够把论文中的道理表述清楚。

第三章

大学生常见的学习心理障碍及调适方法

第一节 学习动力缺乏与调适

【案例】

　　学习动力的缺乏是一种常见的状态，动力缺乏很大程度上会导致拖延。既然这种状态每个人都有可能会出现，那么学霸们都是怎么调整状态的呢？

　　大学的生活远远不止于课堂上，纵观每一位"学习之星"，他们大多数都有着一年或两年甚至三年的学生工作经历。教育学院的"学习之星"张乐琼曾表示："大学，除了完成学业，学生工作也是我大学生活不可缺少的一部分。各种职位的担任，也使我的生活变得忙碌而有意义。"学生工作不但能提高自己的人际交往能力与处理问题的能力，还使自己更易于接受导师们的思想与经验。对于我们大学生而言，这些都是需要学习的地方。当在课堂上的学习缺乏动力时，不妨从学习的另一个角度入手，在调整自己状态的同时还能学习到其他有用的知识与技能。

　　不论是大学生，抑或是中学生，甚至是未来步入社会中的"上班族"，任何人都有那么一段时间对学习、工作根本提不起劲，甚至有的人一辈子都对学习提不起劲，这就是我们说的学习动力缺乏。

一、学习动力的来源

谈到学习的缺乏与调适，我们就得谈学习动力的来源。学习的动力源于学习动机，我们可初步将学习动机分成外部动机与内部动机、外部动机主要来源于学习目标的设置以及完成目标所带来的成就感，内部动机主要是通过学习使自身的价值最大化。

要解决学习动力缺乏的问题，我们必须得从根本出发。许多学生缺乏动力，就是因为他们动机不明确，所以他们会提出这样的疑问：为什么我们要上大学，甚至是我们为什么要读书，我们学的东西未来真的会有用吗？

学习必须得有目标地去学。很多学生高三的时候挑灯夜战，不眠不休，恨不得一天有25小时或者有更多的时间，有一大部分学生到了大学后学习却变得松懈了。为何高中学习状态与大学学习状态会有如此巨大的差异？原因就在于是否有明确的目标。高三学生之所以能如此勤奋地学习，是因为他们有一个明确的目标——高考。学生上了大学后，缺少了一个明确的学习动机，就会出现学习松懈的现象，而每学期最后一周他们又有了明确的目标，那就是不挂科，所以他们又回到了高三的状态。可以说，这类学生从未真正思考过学习的意义，他们永远是被动地去学习。

据不完全统计，世界上富人的素养普遍比穷人高。究其原因，是因为富人受教育的程度普遍比穷人高。学生对于学习的目标与意义，最重要的是"让自己变得更加优秀"，这也是学习的内部动机、自我价值的实现。

大学之前的学习是理论学习，是在认知、理解层面的学习，而大学的学习更多的是实践的学习，将"寒窗十二年"锻炼的文学素养、逻辑思维更多地运用到普遍学习中。普遍学习指的是大学生学习的内容不仅仅是书本上的知识，还有书本以外的知识学习、生活工作中的技能学习、人际交往中的社会规范学习。

对于优秀的定义，每个人都有不同的看法，究竟何为自己心中的优秀，这还得靠他们自己探索。大学正是这样一个探索的舞台，大学生探索出目标后便以此为动机全面提升自己。我们不知这是否有助于大学生明白"为什么要上大学"这个问题，即从外部动机的角度来看，周围认可自己的人越来越多，在简历上可留下的内容越来越多；从内部动机的角度来看，自己一天天掌握的知识与技能越来越多，思想觉悟越来越高。不管是怎样的目标，一个明确的目标始终是学习动力的最大源泉。

学习动力的另一个源泉就是好奇。爱因斯坦曾说过："我没有特别的知识，我只有强烈的好奇心。"清华大学经济管理学院院长钱颖一曾出过一本书——《大学的改革》，在该书的第二卷中有一专题"学好与好学"。钱颖一院长将"好学"分为"五好"，分别是好奇、好问、好读、好思、好言，他将好奇放在了首位。好奇是科技创新和人类文明进步的燃料，好奇也是大学生在学习阶段能一直保持热情的重要条件。尤其是对于理工科学生而言，倘若将好奇心与发现学习的学习方法相结合，还会有意想不到的效果。好问，其实就是好奇的结果。但现在的学校，不只是大学，学生们总是一味地去接受，强迫自己理解。这种被动的学习方式的确可能会比较适合我国现在的教育模式。但大学相比高中是个更加自由的舞台，被动的学习方式已经不再适合当代大学生。大学生应该形成一种良性循环：因好奇而去调查、做实验，经调查与实验后又发现问题，提出疑问，再做调查与实验。

有一个明确的目标是一个良好的开头，完成这个目标是终点，那么在路途中我们则需要与好奇心为伴。

二、学习动力缺乏的原因

（一）目标太泛，态度不端正

学习动力缺乏的主要原因就是没有确定的目标，抑或说目标太广、不切实际，导致没有一个准确努力的方向，这是因迷茫而造成的动力缺乏。由于大学的学习是广泛的，目标也广泛，学生就会感觉无从下手，如果出现这种情况，我们建议从学习内容的三个方面下手。

　　学习内容包括以下三方面，分别是知识、技能、社会规范。我们再将这三方面细分，比如说知识方面，这次期末考试，考试成绩要达到80分，下个学期争取拿到奖学金；社会规范方面，我们可以尝试着去扩大自己的人际交往圈，从其他优秀的人身上学习他们优秀的品质、技能。简而言之就是将一个广泛且不明确的目标，分为若干个小目标，逐步地实现它们。

　　学习动力缺乏的另一个原因就是没有一个良好的学习态度。态度决定高度，若一个人对学习没有认真积极的态度，而是敷衍拖延的态度，那么他自然是无法取得进步的。这就不得不提到一个人们心中的"小恶魔"了，那就是拖延症。这是一个恶性循环，如果你态度不端正，就容易产生拖延的心理，越拖延就越不安，心里越不安就越会影响到你的学习态度。《学习之道》一书中提到，对大多数人来说，学数学和科学必须通过两个阶段，一是短暂的学习期，这是"神经砖块"垒砌的过程；二是学习期之间的间隔，就是"思维水泥"凝固的时间。这样的时间节奏对于想要摆脱拖延的学生而言至关重要。

　　拖延症患者大多是无法掌控时间节奏的，他总想着一拖再拖，即使他们能通过考试、不挂科，但这对其性格的形成、学习经历的塑造等都是不利的。倘若不能通过考试，他们也会将"拖延症"作为借口：每学期最后一周才开始学习，即使没通过也正常。很显然这也不是大学生考试的目的。

　　不正确的学习态度会导致拖延症，而拖延症患者又极其容易被周围不好的环境影响。环境对人的影响不言而喻，若一个人处于一种学术氛围优良的环境中，那么他也会被带动着进入这样的氛围中，这也是为何全国每所高校都在严抓学术氛围，改善学风环境。

　　（二）因落后而缺乏动力

　　不知大家身边是否有这种现象，有的学生明明已经很努力地学习了，但成绩却不如那些看起来没有努力学习的人好，甚至和那些临时抱佛脚的人的成绩差不多。自己的付出没有一个正向的反馈,这便是导致学习动力缺乏的第二个原因。

相信不少大学生曾经或现在还在将自己认为优秀的人作为自己努力的方向与目标,这不失为一个好方法,但努力一段时间后却发现自己与他们之间的距离并没有缩短,或者自己进步得很慢。此时,切忌急切焦躁,不妨放慢脚步,对已学的知识细嚼慢咽,慢慢地发现自己与他们之间的距离已逐渐缩小。学习一直是一个逐渐积累的过程,当你充分理解吸收了自己所学的知识时,那么你与优秀的人之间的距离才会逐渐缩小。

(三) 对专业没有兴趣

大学的专业有很多,选择一个自己喜欢的专业很重要。有不少同学因调剂而到了一个自己并不是很喜欢的专业,以至于对学习缺乏动力。这种现象并不少见,学校为了降低这种现象出现的频率,在入学后也会有两次转专业的机会,南京工业大学校长张进明介绍,在学生入学一年后、毕业一年前,每学期学生都可以申请转专业。① 也就是说,大二、大三有3~4次转专业的机会。这样学生可以转到自己喜欢的专业中去学习。

大学里有许多同学对自己的专业不太感兴趣,学习没有动力,对未来则是更加不确定,所以有的人选择沉溺于虚拟世界里,不能自拔。但学习并不只是学习课本上的知识,学生除了学习专业知识外,还可以去学习更多的技能,比如,英语、计算机;还可以去学习更多的社会规范,扩大自己的人际交往圈,提高自己交流与表达的能力。如果对专业不感兴趣的话,学生要保持专业成绩至少在中等以上的水平,然后充分利用课余时间学习专业以外的知识,提高自己的能力。对于那些对专业不感兴趣的同学来说,他们没有认真地去了解过这个专业,对专业的理解不够透彻,从而产生厌倦的学习情绪,这是他们对专业不感兴趣的主要原因。在这里给同学们的建议就是改变

---

① 上了大学,对专业不感兴趣咋办? [EB/OL]. 中国青年网, 2016-06-13.

心态，多尝试着更深入地去了解这个专业。了解途径有很多种：第一，可以多与专业老师交流，从老师的口中去了解这个专业在本校的历史，了解这个专业要学习的知识，以及未来的就业前景、本校毕业生的去向；第二，找本专业的学长学姐去了解这个专业，如果老师说的东西比较难懂，那么学长学姐的讲述则会更加接地气一点；第三，尝试着自主学习，经过老师与学长学姐的推荐，自己去寻找本专业的相关书籍，自发去探索自己在这个专业上的道路。

三、如何调适动力缺乏的状态

（一）明确目标，培养学习习惯，克服拖延

调适动力缺乏最重要的就是要有一个明确的目标，这样学生才能进入自主学习的状态。自主学习的定义是指学生自觉主动地确定学习目标、制订学习计划、选择学习方法、利用学习资源、监控学习过程，评价学习结果的过程或能力。我们由定义可知，自主学习需要学生的学习动机是来源于内在的或自我激发的，学习的内容也必须是自己选择的。若要完成以上这些要求，没有明确的目标是不可能达到的。自主学习是作为一名大学生应该掌握的一个重要的技能。由此可见，目标对调适学习动力缺乏的重要性。拥有自主学习能力的人，学习时能够对学习过程做自我监控，并且能够主动营造有利于学习的氛围。

拖延，实际上是一种不良的习惯，要战胜这一习惯就得养成一种好习惯来对抗它。习惯是什么？当你在做一连串习惯性动作时，大脑可以减轻运作的负荷，这样就可以减少你工作时所花费的气力。好习惯的形成是不容易的，需要我们循序渐进地培养。我们首先可以给自己设定25分钟的学习时间，在这25分钟的学习时段保持专注，尽一切可能去避免信号干扰，比如说，可以在一段时间内关掉手机或远离网络。我们如果这样做还是会被周围杂七杂八的声音影响，那么去图书馆或咖啡厅等较安静的场所学习也是个不

错的选择。等大脑慢慢适应了25分钟全神贯注的学习后，我们尝试着延长学习时间，比如说，时间设定为1小时。久而久之，随着时间的不断延长，大脑已经开始记住了全神贯注的这种模式，在学习时可以自觉地避免外界的干扰，养成一个良好的学习习惯会在不知不觉中克服拖延。

我们在集中精神学习了一段时间后可以尝试着给自己一点奖励，拖延可以用情感上的补偿来代替，在25分钟的学习后奖励自己毫无愧疚地看10分钟电影，当然这奖励的前提是自己必须集中精神地学习25分钟。也就是说，我们可以在有较大的收获时，给自己一个更大的奖励。习惯的强大之处在于它能造成神经层面的欲望，要想克服之前的欲望，就需要再来一个新奖励。只有当我们的大脑开始期待这个新奖励时，关键的转变才会发生，才会有助于我们养成新习惯。

(二) 反思学习，培养学习兴趣

常言道"学无止境""活到老学到老"，学习应该作为一种生活状态存在于我们的生活中。前文说到，学生对专业学习缺乏动力是对专业不感兴趣所致，那我们能否培养自己的兴趣呢？例如，大学生把专业课程学习好既能提高自己的实力又能帮助到更多没有学好的同学，自己能获得奖学金的同时还能收获同学之间珍贵的友谊。缺乏学习动力的学生也许之前是因为对专业不了解而没有兴趣，无法产生学习动力，那么在全面且深入地了解过后，他们或许可以发现这个专业的另一条道路。

还有另外两种较为特别的学习动力：第一种，以爱好为动机去学习。他们或许是沉浸于理工科的世界中，享受着大脑高速运转的状态；或许是沉浸于艺术的世界中，画笔和乐器对于他们而言就是"命根子"，也或许是其他。不得不说大部分艺术家、科学家都是这种人。第二种，他们将学习作为一座避风港。比如，一个刚刚失恋的人，他为了摆脱失恋带来的不舍与痛楚，从而选择以学习来逃避内心的痛苦，沉浸于大脑运转的世界中可以让他无暇去想其他东西。这两种人都有一个共同的特点，那就是"沉浸"。不可否认，这对学习是有一定帮助的，有时候还会是巨大的帮助。沃尔特·皮特金（Walter Pitkin）在《学习的艺术：如何学习和学什么》中提到了三个长期存在的东西——地理学、心理学、数学，他认为这三个长期存在的东西可以作为三种学习动力。第一，地理学是关于地球的科学，它有助于人们了解这个世界，了解不同国家的人文。地理学最重要的作用就是了解这个世界，人们对所处的世界仍然知之甚少，人们对这个世界的理解就成了人们的世界观，拥有一个正确的世界观对大学生而言尤为重要。第二，心理学包含了很多内容，比如，人类学、社会学等。人立足这个社会靠的是他在这个社会的人际关系网，书中举了一个很形象的例子：也许你熟知各种礼节，知道什么时候鞠躬、打手势，却仍然给那些在社交场合中遇到的人留下不好的印象，此时心理学或许可以帮你解决面对的问题。第三，数学可以锻炼我们的逻辑思维能力与随机应变的能力，一个人的数学如果学得不错，那么他的学习能力一定是值得肯定的。沃尔特·皮特金在书中更是赞誉数学为文明的基础，是整个工业的基石。

（三）找到适合自己的学习方式

如果学习动力不足，很可能是因为没有找到适合自己的学习方式，以至于在学习过程中容易感到乏累。学习方式的分类主要分为四大类：接受学习、发现学习、意义学习、机械学习。

接受学习更加偏向于被动学习，指学生接受现成的概念、结论、原理，这种方式被普遍运用于课堂中。但有部分老师为了让学生更容易去记住这些结论，他们会在课堂上为学生推理一遍，而这其实是意义学习的一种方式，使学生更能理解和掌握知识。机械学习，它更趋向于"死记硬背"。我们不能说意义学习优于机械学习，毕竟在某些科目上，机械学习也有它的好处。发现学习的学习方式能更大程度地激发学生学习的欲望，如果你的思维比他人更加活跃，发现学习就会比接受学习更适合你。

下面再为大家介绍两种思维模式——专注模式与发散模式。在专注模式下大脑处于紧绷状态,神经将大脑各个部分连接在了一起。在发散模式下,大脑有更开阔的视野观察世界,把相距甚远的节点神经连接在一起,什么时候会出现,当我们认识新概念时,大脑里没有预先存有的认知,这时候就可能会自动开启发散模式,扩大大脑信息搜寻的范围。

在对数学和科学的学习中,专注模式尤为重要。在自己聚精会神思考一道数学或物理计算题时,如果有人在这时打断你,当你再回到题目时,你会发现之前的思路全没了。因为在解题时你的大脑处于紧绷状态中,一旦有外界干扰,打断了这种连接,大脑将会进入发散模式,你如果不习惯在两种模式中切换的话,想再次集中精神将会很困难。

发散模式则更多地被用于寻找新思路,通常说的想象力丰富,其实就是大脑的神经节点连接得更长了。发散模式虽然更多用于艺术创作,但它在科学研究中也必不可少。举个例子:当你在做数学题时卡在了一个思维点上,无论如何都不得其解,你会一直思考下去吗?有经验的学生,当然不会这样做,他们会先做其他的题目待会儿再回来继续思考。发散模式会冷不防地提供一个新的思路,它可以使松弛状态下的大脑寻找新的思维连接点,给我们反馈新灵感。

这里我们发现了一种新的学习方法,那就是专注模式与发散模式的来回转换。爱迪生(Edison)在遇到棘手难题时,往往会先去小睡一会儿,并非废寝忘食地努力攻克。这种做法通俗一点讲便是劳逸结合,在紧凑的专注模式后,利用发散模式的方法奖励自己,比如说,去健身房、慢跑、打球等。

(四)提高学习自信心

调适动力缺乏的最关键的一步便是提高学习自信心。有些同学的成绩一直处于中下游,是因为害怕老师提问,他们上课的时候总是喜欢坐在后面;是因为害怕老师责怪,不敢问老师题目。他们或许平时思路清晰,但是一到考场大脑一片空白。另外还有一些同学,平时复习不按老师的要求,课后又不及时巩固,认为自己已经掌握。他们总是看起来自信满满,但当考试做题时总是容易遗漏关键点，等考完试才恍然大悟。

　　提高学习自信心对提高学习效率与动力尤为重要，无论是缺乏自信心（自卑），还是对自信有错误的认识（自负），都会对学习产生不好的影响。如果你在学习上是个自卑的人，那么你需要给自己更多积极的心理暗示："我比自己想象得更好。"课后要及时反馈学到的内容，及时处理不懂的难题，不要担心被老师责怪，因为在学习上老师永远是你最好的朋友。如果你是个在学习上自负的人，你应该及时巩固所学的知识点，无论你是否已经完全学会。你可以不必遵循老师的复习节奏，但请不要漏掉任何一个知识点。你若"已经完全学会"，可以尝试着做更多的题目来巩固学习内容，在做题中发现自己的不足。你在做题过程中不要翻阅课本，也就是模拟考场，试试看自己在考场中是否还是那么自信，知识点是否会遗漏。

　　学生唯有拥有学习自信心才能在学习的道路上充满动力。自信心缺乏的学生需要一次精神上的安慰，在不断自我暗示后，大脑得以放松，在考场上才能将脑海中的储蓄释放出来。在取得一次小小的进步后，他们才会充满动力，才不会怀疑自己。自信心爆棚的学生需要经历一次挫折，在刷题的过程中他们会不断遇到挫折，这是他们发现自身不足的好机会。发现不足，及时巩固，只有这样他们才能不断提高自己的自信心，才能充满学习的动力。

第二节　学习效率低下与调适

一、学习效率

（一）学习效率的含义及其意义

1. 学习效率的含义

　　学习效率即是学习快慢的表示形式。学习效率不单是学生利用较少的时间取得优秀的成绩,更是学习的投入(所投入的时间和精力)与产出(内容的数量、质量和成果)之比,是对学生专业水平和身心素质发展的一个综合评价。

学习效率体现了学生的学习能力,且与学习成绩密不可分。当一个人步入社会后,他仍需要在工作中不停学习新的知识和技能,他的工作成绩会受学习效率的影响,甚至会关系到他未来事业的发展。

2. 提高学习效率的意义

当今社会竞争压力大,在大学中,分数就是衡量一个学生优异的重要依据,学习效率显得尤为重要。当然,分数只是衡量学生优良品质的一方面,课余活动、个人爱好、工作能力等也是衡量学生优秀的重要因素。但是,学习效率的提高不仅使成绩更加优异,还会使学生拥有更多的时间丰富课余生活、培养兴趣爱好,这对提高大学生的综合素质十分重要。

(二)学习效率低下的表现

学习不仅是一种身体活动,还是一种精神活动,主要是精神活动。因此,影响学习的不仅有生理的疲劳,还有心理的疲劳,并且以后者为主。学习疲劳的产生与大脑皮层的内抑制有关。[1] 由于一直重复相同的学习,大脑皮层某些细胞长时间受到不断地刺激,从而产生强烈的兴奋,兴奋过程即能量的消耗过程。皮层细胞能量消耗,使兴奋性降低而转入抑制状态,并扩展到周围区域,这就是由疲劳引起的睡眠机制。[2]

近年来由于学生学习负担越来越大,许多学生常常因为学习而失眠,这是因为大脑皮层有关部位被迫持续且过度地工作,使大脑皮层有关部位过度兴奋而不能抑制,亦即兴奋与抑制过程的平衡遭到破坏所致。有的学生一看书就打瞌睡,这种现象则是大脑皮层细胞代谢功能太低,供血、供氧不足,

---

[1] 吴锡改,郭艳霞. 论青少年常见的心理疲劳[J]. 教育实践与研究,2009(20):10-12.
[2] 李钟山. 第四部分 中小学生学习心理指导第二讲 中小学生的考试归因与科学用脑[J]. 中小学心理健康教育,2002(11):27-29.

因此稍加刺激就过早地产生抑制现象。大脑若是长期处于疲劳状态，会导致视力减退、食欲缺乏、血压增高、大脑供血障碍、失眠[1]；心理症状有自信心不足、心情忧郁、情绪烦躁、记忆力减退、注意力不集中等。由此可见，疲劳可使学生产生神经衰弱等症状，且严重影响大学生身心健康。

1. 生理疲劳

生理疲劳主要是指肌肉受力过久或持续重复伸缩造成肌肉痉挛、视力减退、食欲缺乏、内环境失调、精神萎靡、失眠等症状。

生理疲劳包括肌肉疲劳和神经疲劳。肌肉疲劳是指肌肉在持续和重复伸缩之后能量减弱，使工作效率逐渐降低的现象。这种疲劳是由于肌肉在工作过程中消耗的能量比补充的能量多，两者失去平衡而产生的疲劳。[2] 拥有强健的体魄、灵活的大脑和充沛的精力是高效率学习的动力，但因为学习活动属于一种特别的脑力劳动，能让学生的大脑维持一定的紧张感，会影响学习的效率。比如，过多的课余生活会使大学生的大脑不愿意高效率地学习科学知识。[3]

2. 心理疲劳

心理疲劳是感觉器官活动机能降低、精神不集中、记忆衰退、情绪浮躁、学习效率下降。

心理疲劳并不是身体能量的消耗引起的，而是由心理原因所致。如果是工作乏味或自己对其没有兴趣，人们就会产生消极的情绪，致使工作效率降低。心理疲劳是主观的疲劳，它可导致和加重生理疲劳。生理疲劳可以经过足够的休息来恢复精力，激发兴趣则是避免心理疲劳的主要途径。如果人长期处于疲惫状态而且得不到足够的休息与调整，长期的积累就会使得疲劳演

---

[1] 李钟山. 第四部分 中小学生学习心理指导第二讲 中小学生的考试归因与科学用脑[J]. 中小学心理健康教育，2002（11）：27-29.

[2] 李钟山. 第四部分 中小学生学习心理指导第二讲 中小学生的考试归因与科学用脑[J]. 中小学心理健康教育，2002（11）：27-29.

[3] 赵丽娟. 影响大学生学习效率的因素及提高学习效率的研究[J]. 中国市场，2011（39）：162-164.

变成慢性疲劳，慢性疲劳是不容易消除的，且极易破坏身心健康，诱发疾病，所以说"积劳成疾"是很有道理的。

3. 方法不妥

学习方法指采用方法达到某种学习目标，学生能否采用正确、合理的学习手段，对学习效率的提高能否有着重要的作用。学习方法没有统一的规定，因个人条件不同，选取的方法也不同。有人特意总结的特殊定向的学习训练方法，如背诵、默写、速记、笔记等，可对其他学生产生启发效果和借鉴作用。

造成学习效率低下的原因与学习方法不妥有关。学习办法不妥有以下四点体现：

（1）学习无方案

"凡事预则立，不预则废"。学习方案是完成学习目标的保证。许多同学对自己的学习没有规划，多为应付老师布置的作业与考试，缺乏主动性。

（2）不会科学使用时间

时间对每个人都是公平的。有的学生尽管忙忙碌碌，但工作、学习效率都不高。有的学生不善于挤时间，他们常常诉苦："每天都有大量的课程和堆积如山的作业，奔波于学校与家之间，哪还有空余时间？"还有些同学平常懒懒散散，临到考试手忙脚乱。这些现象都是学生不会科学使用时间的表现。

（3）囫囵吞枣，死记硬背

死记硬背指不假思索地重复，直到在大脑中留下印象为止。它不考究回忆的办法和技巧，是效率最低的学习方式。当回忆时这种学习方式总会让所记的内容混杂无序，人们不能持久回忆。当学习内容没有条理或学生不愿意花时间理解学习内容时，学生往往会选用死记硬背的办法。用这种办法的学生会说："谢天谢地，考试总算完毕了。现在我可以把那些东西忘得一干二净了。"

(4) 不能构成常识结构

常识结构是常识系统在学生头脑中的内化反映，也就是指常识通过学生输入、加工、贮存在头脑中构成的有序安排情况。构建必定的常识结构在学习中是很重要的。若没有合理的常识结构，再多的知识也无法发挥出它们应有的作用。有的学生单元检验成绩很好，可一到综合考试就不行了，其原因在于没有把握常识间的联络、构建相应的常识结构。这种学生没有对所学内容进行及时的概括与总结，导致这种零星的常识极易遗忘。

（三）影响学习效率的因素

影响学习效率的因素主要分为以下四方面：

1. 自学能力

自学能力是指一个人独立获取知识的能力。诺贝尔物理学奖获得者丁肇中教授曾说："不要教死的知识，要授之以方法，打开学生的思路，培养他们的自学能力。"自学能力是影响学习效率最重要的因素。

提高自学能力，掌握正确的学习方法很重要。人类教育发展的理论和实践证明，以"问题"为中心的学习方法历来是人们学习的良方。中国古代教育家孔子就提出在学习中要"不耻下问"，敢于和善于提出问题。西方古希腊教育家苏格拉底（Socrates）也应用"产婆术"，就是让学生在提问中获得知识。可见，"问题法"有助于发挥学生的积极性，有利于学生牢固地掌握知识。

2. 时间管理

时间管理是指通过事先规划和运用一定的技巧、方法与工具实现对时间灵活、有效地运用，从而实现个人或组织的既定目标。有效地运用时间，可以降低变动性时间。

（1）优秀的时间管理者的表现

他们能够安排自己和其他人迅速适应工作上的重大变革，并重新确定工作的优先次序。他们可能把个人的安排看作他们时间管理工具包中首要的工具。他们容易觉察对于计划外异常变动所需时间的预留，并且可能重新组织工作以达到最好的效果。

（2）对时间管理不足者的表现

他们很少或不花时间在他们的工作任务上，倾向于处理邻近的但是缺乏规划和远见的任务。他们通常会亲自着手接踵而来的工作或者看起来是最紧急的工作，而不善于组织其他人去完成。

因此提高对时间的管理可以从以下四点入手：

一是为了达到理想的结果，人员、资源、目标、最后期限、可利用的时间应该被结合起来。不足者需要利用他们个人的优先权认识到在处理任务时的优先次序。

二是迫使自己每天至少花几分钟用笔和纸写出一天或一星期要完成的重要任务。

三是确信自己每天或每星期计划内和计划外的活动总是被列入时间日程，并且有必要的话，重新进行时间安排。

四是建立文档确保容易找出要做的事情。人们要仔细考虑计划的目标和最后期限。在未了解工作情况时，人们不要做出承诺，要认识到自身能力的局限，可能需要他人帮忙来完成任务。

3. 用脑不当

（1）长期饱食

现代营养学研究发现，人在进食过饱后，大脑中被称为"纤维细胞生长因子"的物质会明显增多。它使毛细血管内皮细胞和脂肪增多、动脉粥样硬化。

（2）轻视早餐

不吃早餐会使人的机体和大脑得不到正常的血糖供给。大脑的营养供应不足，久而久之对大脑有害。早餐质量与思维能力也有密切联系。据研究，一般吃高蛋白早餐的学生在课堂上的最佳思维保持的时间相对较长，而吃素的学生精力则相反。

（3）睡眠不足

大脑消除疲劳的主要方式是睡眠。学生如果长期睡眠不足或睡眠质量太差，会加速脑细胞的衰退，从而影响学习。

（4）不愿动脑

思考是锻炼大脑的最佳方法。只有多动脑，勤于思考，人才会变得灵活。反之，人越不愿动脑，大脑退化越快，越不利于学习。

（5）带病用脑

人在身体不适或患病时，勉强坚持学习或工作，不仅效率低下，而且容易对大脑造成损害。

（6）不注意用脑环境

大脑是全身耗氧量最大的器官，只有保证充足的氧气供应才能提高大脑的工作效率。因此人在用脑时，要特别讲究工作环境的空气卫生。

（7）嗜酒嗜甜食

酒精使大脑皮层的抑制减弱，故酒后人会出现反应迟钝、身体不协调等现象。甜食会降低食欲，会减少人们对高蛋白和多种维生素的摄入，导致机体营养不良，影响大脑发育。

（8）长期吸烟

德国医学家研究表明，常年吸烟会使脑组织呈现不同程度的萎缩，还会引起脑动脉硬化，日子久了导致大脑供血不足，神经细胞变性，继而发生脑萎缩。

4. 学习方法不当

为什么有的学生没有正确的学习方法？这受多方面因素的影响，主要原因是非智力因素，如认识水平、动机水平、意志状况等。

（1）对学习方法的重要性认识不足

不少学生对学习的重视程度不够，忽视科学学习方法的作用和意义，以为磨刀误了砍柴工，因而不愿意花时间和精力去认真研究和掌握先进的学习方法。

（2）对学习特点认识不足

前面讲到学习方法具有适应性，其中一个方面就是要适应各阶段、各学科的学习特点。这就需要学生对目前的学习有明确的认识，在此基础上，他们才能掌握科学的方法。

（3）对自身的状况和条件认识不足

学习方法除了要适应学习特点外，还要适应个体特征。有的学生因为学习成绩不太好而妄自菲薄、过于谦卑，认为自己一无所长；也有的学生因为学习良好有自负表现，看不到自己的不足。这些不客观的观点会使学生在运用学习方法的时候出现偏差，如自负的学生在制定学习目标时往往会好高骛远、不切实际。

（4）学习动机缺乏

有的学生没有学习动力，缺乏热情，把学习看成是一件苦差事，没有目标，学习行为完全是被动的。这类学生的学习方法大多是死记硬背，他们学习是没有计划的。

（5）意志薄弱

在掌握和运用科学的学习方法时，学生需要一定的自制力，特别是纠正一些不良的、已经形成习惯的学习方法，学生更需要毅力和恒心。有的学生有掌握科学方法的愿望，但在运用过程中因各种原因半途而废，造成有目标未实现、有计划无行动的结果。

（四）如何调适学习效率

1. 科学用脑

学生只有学会科学用脑，才能提高效率，获得理想成绩，达到事半功倍的效果，同时能避免神经衰弱的发生。究竟该如何科学用脑，学生需要做到以下四点：

第一，调动积极情绪，提高学习兴趣。孔子说："知之者不如好之者，好知者不如乐知者。"浓厚的学习兴趣才会调动学生的自觉性，使学生在学习时处于一种良好的心态之中。

第二，学习的内容要循序渐进。学习要遵循先易后难、由浅入深的规律，按部就班、循序渐进。知识要靠一点一点地积累，学生不可急于求成，但也不能安于现状不思进取。

第三，左右脑并用。有人研究证明，人左右脑的功能相互联系，却又分工不同，理工、师范、哲学、外语等学院的学生多数只用了大脑左半球，而右半球则不常使用。学生如果对不常用的半球增加使用频率，大脑两半球互相配合、启发，互传信息，就会使两侧大脑半球的潜力得到开发，学习的效率就会大大提高，达到事半功倍的效果。

第四，注意劳逸结合。学习时间过长，大脑皮层的兴奋性就会下降，学生如果不注意休息，就会头昏脑涨，做事就会达到事倍功半的效果。所以科学用脑，必须注意休息，劳逸结合。

2. 钉子精神

当雷锋听到有的同志说工作这样忙，实在没有时间学习时，他便结合自己的体会，说了这样一段话："要坚守在自己的岗位上。有些人说工作忙、没有时间学习。我认为问题不在工作忙，而在于你愿不愿意学习，会不会挤时间。要学习的时间是有的，问题是我们善不善于挤，愿不愿意钻。一块好好的木板，上面一个眼儿也没有，但钉子为什么能钉进去呢？这就是靠压力硬挤进去的，硬钻进去的。由此看来，钉子有两个好处：一个是挤劲，一个是钻劲。我们在学习上，也要提倡这种钉子精神，善于挤和善于钻。"这就是人们广为称道的雷锋同志刻苦学习的"钉子"精神，所以我们要学习雷锋同志的钉子精神，脚踏实地，挤出时间去钻研学习。

3. 计划精细

制订学习计划，明确学习任务。学生要从实际出发制订计划，计划既要全面又要留有余地，将长远计划和短期安排相结合，安排好常规学习时间和零碎学习时间，突出学习重点。

4. 取长补短

在交流中相互学习，在借鉴中取长补短。每个人身上都有优点，尤其是一些优等生，我们要学会从他们身上汲取营养、吸收经验，从而达到事半功倍的效果。合作交流才能共同提高。孔子曾说"三人行必有我师焉""独学而无友，则孤陋而寡闻"。所以，学生如果能在学习过程中经常与同学、朋友交流合作，对他们的学习将会有很大的帮助。随着社会的发展，现在的人们越来越强调合作的重要性，一个人不可能掌握全部的知识，只有通过合作才能实现共赢。

英国大文学家萧伯纳（Bernard Shaw）有这样一句名言："假如你有一个苹果，我也有一个苹果，我们彼此交换，那么我们仍然是各有一个苹果。但是，假如你有一种思想，我也有一种思想，而我们彼此交流，那么，我们每个人至少各有两种思想。"这句名言恰到好处地说明了在学习过程中合作交流的妙处。如果几个人在一起共同学习、交流，就会促进每个人学到更多的东西。经过合作交流，每个人都有可能得到两个甚至更多的"苹果"，何乐而不为呢？因此，我们在平时的学习中，一定要养成多与同学合作交流的习惯，以此来共同提高学习成绩。

5. 学会系统思考

系统思考是一种分析综合系统内外反馈信息、非线性特征和时滞影响的整体动态思考方法。它可以将局部静态的观点变得全面动感，因而为建立学习型组织提供了指导思想、原则和技巧。系统思考要求人们运用系统的观点看待组织的发展，引导人们从看局部到纵观整体、从看事物表面到洞察其变化背后的结构，以及从静态的分析到认识各种因素的相互影响，进而让人们寻找到一种动态的平衡。

同时，系统思考与自我超越之间存在着密切的联系，两者相辅相成。在自我超越中系统思考显得分外重要，主要有以下三点：

(1) 融合理性与直觉

直觉并非完全没有根据的猜想，可能是对时空上不接近的因果关系在潜意识中的一种联系判断，或是无法用简单的直线式因果语言来说明。系统思考的一项重大贡献便是重新整合了理性与直觉，很多直觉能够以系统思考作为语言加以说明。自我超越层次高的人，不会在一开始就着手整合理性与直觉，而是因势利导、掌握契机，将它们当作可利用的资源之一，他们不会武断地在理性与直觉、脑与心之间做选择。

(2) 看清自己与周围世界是一体的

不断将事物的互动关系"衔接成环"，即不断发现我们原本视为外部的力量，实际上，这种外部力量是与我们自己的行动互相关联的。

(3) 拥有同理心

同理心是站在对方立场思考的一种方式。我们应站在当事人的角度和位置上客观地理解当事人的内心感受和情绪，进而做到相互理解、关怀和在情感上的融洽。

二、推荐书籍

《如何高效学习》

斯科特·扬（Scott Young）（作者），程冕（译者）。

一位因为快速学习而成名的神奇小子，他应用自己发明的学习方法，10天搞定线性代数、用1年时间学习麻省理工学院4年的课程。这本书就是对他学习方法的全面介绍，并为人们的高效学习提供了从生活到时间管理的整体解决方案。跟随作者，你也将成为高效学习的超级学霸。

（一）方法介绍

1. 浏览

这是读书的第一步，当拿到一本书后，我们首先应概要地读一读该书的提要、目录，以便对该书有个大体的了解。

2. 发问

这一阶段，我们要读书中各章节的标题以及章节之间承上启下的内容，一边粗读一边提问。这样可以激发学习兴趣，促进自己的钻研。

3. 阅读

阅读就是从头到尾细读，对重要、难理解的部分反复读。在阅读过程中，我们要做到眼到、口到、心到、手到，要尽可能将自己原有的知识和新知识结合起来，写眉批、写心得，做读书笔记，以保存"知识印象"。

4. 复述

即"回忆印象"，如俗话说的"过电影"。离开书本，我们回忆书中的内容，自己发问，来检验自己是否在题目上获得了正确的理解。这是自我检查学习效果的方法，也是巩固记忆的手段。

5. 复习

一般在复述后一两天进行，隔一段时间再重复一次，可以巩固已有的知识，又能温故而知新，从中获得新的体会。

这一阶段我们必须带着问题进行深入的阅读，并积极调动各种感官，努力做到眼到、口到、心到、手到。复述即"回忆"，在这个阶段，我们重新阅读，对各个部分所提出的问题试予解答，并试图合上书复述（回忆）每个部分的主要内容，进行学习和记忆效果的自我检查。这种主动的、及时的回忆，有助于我们集中注意力发现尚未掌握好的难点并重点突破，同时，有助于我们提高记忆效率。

复习在复述的基础上，根据问题解答满意程度和记忆程度，对有重点的地方进行全面复习。

SQ3R 读书法，使有关学习和记忆的一些心理原则得到综合性的最佳应用，特别适合精读教科书及经典著作。

（二）方法特点

1. 紧扣文章中心
2. 有目的地读书
3. 读书的印象深刻
4. 大脑主动回忆
5. 记忆牢固

第三节　学习动机过强与调适

一、学习动机

学习动机是指引发与维持学生的学习行为，并使学生指向一定学业目标的一种动力倾向。它包含学习需要和学习期待两部分，根据不同标准可以划分为不同类别。不同心理学家从不同角度对学习动机进行了阐释，主要包括强化理论、归因理论、需要层次理论、成就动机理论、自我价值理论、自我效能感理论等。

二、学习动机过强及并发现象

学习动机过强的人，是指对于知识的吸收要求趋于完美，而对于自身的能力认识不充分，不善于调节自己心态和学习计划的人。有时候我们认为付出就一定会得到对等的收获，考试成绩与平时努力是成正比的。其实并不然，我们不难发现身边并不乏比自己努力，甚至比大多数人都努力的同学，可他们还是成绩平平或者是一直在中上游徘徊。这部分同学主要的问题就在于学习动机过于强烈。学习动机一旦过强就会使学生的学习有一种盲目性和冲动性,从而降低了学生的学习效率,并影响了学生对问题的分析效率,以及对重要知识点的关注度。长此以往,在这种过多付出而回报不足的情况下,学生的学习积极性会大打折扣,甚至会影响学生学习的自信。有些学生从对自己的失望中还会出现怀疑自己能力不足等问题,过于责怪自己而为自己以后的学习增加不必要的负担,在这种恶性的循环中,学习成绩不仅会下降,而且在考试中也会经常发挥失常,严重者在这种内心给自己的巨大压力中可能会崩溃,造成不可收拾的结果。

三、学习动机过强的心理表现及事例分析

学习动机过强者的心理表现主要分为三点:

1. 过分在乎评价

学习动机过强者容易受到表面的动机驱使,渴望外界的奖励与肯定,过分看重他人的评价,没有一个稳定的自体感。当受到表扬和肯定时,他们有着较高的自我满足和自信心,以这样的方式维系着他们岌岌可危的自尊。

2. 过度的自我期待

美国心理学家霍妮(Horney)曾这样描述完美主义者的性格特征:"完美主义者有非常高的道德标准和智力标准,他们常为自己的操行端正而深感自豪,他们要求别人遵守这种标准,并因为别人无法做到而鄙视他们,从而将自我谴责外在化。"

3. 容易产生挫折感

渴望学业优秀的个体因为对自己有高期待,他们总是容易受挫。当感觉自己不被认可时,他们会有持续的失落感、无能感、无助感,更糟糕的情况是,小小的失败不只是打破了他们的完美感,还会让他们有自我崩解的感觉。有一种防御方式是,他们可能会将弱点分裂出去并加以否认,用一种自我影像来抵抗无助感和脆弱感。

在网上和生活中，我们可以看到很多这样的事例。例如，有一个女孩，在初中拥有非常傲人的学习成绩，所有人都说她考上重点中学没有任何问题，事实上，她中考并没有考好，勉强过了某所重点高中的分数线，她觉得那只是一次失误。高一期中考试，她考了班上第十几名，觉得自己应该能考得更好些，所以加倍努力去学习，在期末考试中，她竟然比上一次还下跌了好几名，面对越考越差的成绩，学习的自信心都没有了，觉得自己脑子太笨了，不是学习的料。期中考试后的加班加点换来的结果，她真的无法接受。她感觉自己整天精神恍惚，内心都快要崩溃了。

此案例来自我们身边，无论是在自己生活中还是在网络上，我相信大家都曾经看到过此类案例，这个女孩是一个个例也是一类人的代表。虽说在我们人生的前半段最主要的就是学习，初中考高中，高中考大学，一个个大型的考试在前面阻拦我们，我们的心理压力日益增加，在此时，外界巨大的压力往往影响我们自身的心理，有的同学善于疏导自己、鼓励自己，在压力面前不慌不忙，在空余的时间放松自己，也不会迷失方向，按部就班复习功课。可有的同学却过于紧张，有"一口吃成胖子"的想法，学习效果总是达不到自己的预期，每天想的都是自己还有好多知识点不清楚，逼迫自己学习，在一次次的失败中灰心丧气，责备自己，给自己更大的压力，这类学生就是我们说的学习动机过强的人。其实就学习动机本身而言学习并非坏事，可大多事物都是物极必反。有着高度学习能力的学生，一般来说有着较好的基本素质、认知能力和执行能力。如果他们的学习动机"过强"会产生不少负面影响，会给自己造成心理压力，影响心理健康，学习效率也会下降，这也就是为什么会有考试发挥失常的现象。为什么有些人可以在高考中超常发挥，这不是运气好，这是他们的真实实力。同一场考试有人会心情紧张，考试发挥失常，这也不是运气差，而是必然的结果。学习动机过强、心理压力过大等，这些都是需要自我调剂的心理问题。

四、导致学习动机过强的原因

（一）追求与期望的不统一，高估自己

自己设定的目标远远高于自己的学习基础和学习状态，与自己的真实水平不匹配。自己越是无法完成的目标越是破釜沉舟地去拼，试图去实现这个目标。

我们有自己的理想固然可以，可是在这个前提下我们要全方位地了解自己的能力，根据实际情况而定自己的理想，不要过分强求，在达到自己极限时要懂得放弃，每个人都有自己的弹性限度，过分强求只会适得其反。

（二）不恰当的认知模式

很多同学坚信"只要我付出了努力，我就一定成功"，从而把努力和勤奋看作成功的唯一条件，这是过强学习动机的基础。事实上，任何成功都是多方面因素决定的，与自身的能力、环境、运气都有一定的关系。努力是成功的必要因素，但并非唯一条件。还有的同学会抱有"如果我不能实现自己制定的目标，就没脸见人"的一些不恰当观念，这都会加深他们对失败的焦虑，造成严重的恶性循环。

成功是一种要讲天时地利人和的事情，我们谁也不知道自己什么时候成功，也不知道我们会不会成功。成功只是一种结果，可是有时相较于结果更重要的是我们经历的这个过程，在这个过程中有付出，有欢笑，也有悲伤，我们不能只以成败论英雄。我们要享受过程，减轻自己对各个事物过强的目标性，要正确地看待失败。

（三）某种补偿心理的驱使

有些同学觉得自己除了学习无特长和爱好，不能在丰富多彩的校园文化生活中脱颖而出，引起关注，就想从学习上得到补偿，觉得自己必须在学习上取得傲人的成就才可以弥补自己其他不足的方面。因此，他们将自己的一切动力和时间都花在学习上，所做的一切都是为了在考试中超过他人。过于强调求胜心和目的性都会影响我们的心理，我们只有拥有正确的价值取向，正确地面对自己的不足，才可以知道如何进一步提升自己。

（四）外界环境的影响

这主要是指各种各样的外界环境条件所带来的影响，如家庭、学校、社会等。社会文化大多倾向于赞扬奋发者，他们会支持那些学习动机强的人，称赞他们学习的劲足，学习认真刻苦，有志向、有潜力，并不断地期望他们做得更好，更加发奋学习，从而对他们造成不恰当的影响。

除了上述的四点主要原因，学习动机过强还与个体的性格有关，如做事过于认真、追求完美、好强、求胜心强、固执等，有这种性格的人，他们的学习动机就很强。还有严厉的家庭教育和父母过高的期望，为了迎合父母不切实际的期望，学生也往往使学习动机过强。

五、学习动机过强如何自我调节

（一）设置合理的学习目标，遵循规则

在树立明确正确的学习目标之前，我们首先要了解自己，知道自己的长处和不足，正所谓"吾日三省吾身"，反省自己才是提升自身的关键。其次可以设立一个具体的、短期内可以实现的中等难度目标，我们要脚踏实地、循序渐进地实行，切忌好高骛远。如果设置的是相对宽泛的目标，可将其分为多个小目标。如果是一个长远的目标，就可以把它分为多个阶段的近期目标，这样既能激发学习动机，调动学习积极性，又不至于因目标过高而受挫。就像有一个长跑运动员，他每次都可以取得第一的原因就是，他在每次比赛前都会去了解场地，然后把几十千米的路程分为很多小节，每次向前跑的时候就向前面那个小目标跑，每个小目标之间都只有几千米，这样目标较容易完成，不要去想那几十千米漫长的路程，不然你还没开始就会产生畏难的情绪。

(二)建立正确的认知模式

首先找出自己不合理的情绪，不合理的情绪主要有以下三个特点：

(1)凡事绝对化——以自己的个人意愿为出发点，对某一件事情怀有其必定会发生或者不会发生的信念，对其抱有绝对的理念，而当发生的事情与自己认定的理论相反时，就会无法接受、难以适应并陷入情绪困扰中。

(2)过分概括化——这是一种以偏概全、以一概十的不合理的思维方式。过分概括化的人在面对挫折和失败时，将会把自己评价得一无是处，产生严重的自责、自暴自弃的心理，引发焦虑抑郁等情绪。

(3)总往坏处想——如果有什么不好的事情发生，他就认为这件事糟糕至极、是灾难性的。这种认知会使人陷入极端不良的情绪体验的恶性循环中，难以自拔。这时需要推翻自己内心错误的思想，逐步建立正确的认知模式。例如，"成功是多方面影响的结果，只要时机合适，就会成功""只要我们为了自己的目标前进了，努力过了，我们自己就问心无愧"等信念。我们放下那些偏执的观念，过强的学习动机就会适当减弱。

(三)进行恰当的自我评估，适当竞争

可能由于年龄心理因素或外界条件因素的影响，学生们容易对自己有不切实际的看法，对自身的评价和发展预估过高，为自己加上了不必要的负担。俗话说："以铜为镜，可以正衣冠；以古为镜，可以知兴替；以人为镜，可以明得失。"人想要去探求更加高深的学问，就要先认清自己，如果连自己都不了解的话，怎么突破自我？我们可以通过各种方式认识自己，如他人口中的自己，自己心中的自己。从自己的实际情况出发，我们要充分对自己的能力进行正确的认知，准确地进行自我定位，使自我提升的需要切实转化为适宜的学习和发展动力。

(四)以宽容的心态对待自己，坚持不懈

我们常常说以宽容的心对待他人，有利于我们的人际交流，其实以宽容的心对待自己也是一样的，只有宽容对待自己，才可以心平气和地面对人生，面对自己的错误，面对前路的挫折，也才能有博大的心胸去宽容他人、宽容社会，了解自己的进步，不断鼓励自己。

六、总结

单就学习动机强的学生本身而言，这样的学生一般基本素质较好，有着较强的执行能力、认知能力，但是由于动机过强对自身造成不利的影响，这是令人惋惜的。学习动机过强的学生首先要改变自己的学习态度，摒除"学不好，就什么都完了"的错误认知，学会缓解学习的紧张情绪，例如，听自己喜欢的音乐，看一部可以使自我得到放松的电影，等等。他们要冷静科学地面对学习本身，同时还要注意自己的学习方法。学习动机过强容易让他们形成"死读书，读死书"的恶性循环，重复低水平的学习操作，会严重地妨碍对他们自身潜能的发掘与发挥。正确的学习方法及观念，不仅可以提高学生学习的效率和学习质量，还可以缓解学生的心理压力，建立科学的学习观念。大多数学生的心理问题不会完全源于内心，更大一部分来自外界，如父母、老师的关心与教育，外界环境的压力，等等。我们在生活中更应多多留意身边的人，关心他们，使大家都可以在一个健康的环境中快乐地成长。

第四节 考试焦虑与调适

【案例】

邱靓是园艺专业的一名优秀学生，在校期间成绩优异。但她本人说她其实是一个很爱玩的人，那么在周围的同学因为平时准备不充分而容易陷入考试焦虑的时候，她是怎么做到能够从容应对考试并且取得优异成绩的呢？她认为，所有事物都是对立统一的，表面上看起来学和玩其实是相悖的，但其中也会有共通的东西。首先，她很喜欢总结经验，不管是学习还是玩，她都很喜欢总结其中的规律，找到可以让自己提升的东西，这样的话就算是玩，也能够学到很多；其次，把控好度，这个说难不难，说简单不简单，可以爱玩，但不能过于沉迷，简单来说就是安排好学习和玩的时间，把两者有机统一起来。邱靓说她很庆幸在大学这几年里学会了自我管理、自我控制，培养了自己为人处世的能力，总结了一套属于自己的学习方法。谈及自我管理心得，她的方法是把自己每一件想做和每一件要做的事情整理好放在日程表里，每天晚上都会把一天的经历写下来，然后做总结。她喜欢把自己的目标"具象化"，就是定一个目标，然后把完成这个目标需要的所有条件列举出来，然后一个一个去做去实现。邱靓说，只有平时做好了充分的准备，在考试到来的时候，才不会产生焦虑情绪。

现在，升学与就业的竞争愈演愈烈，因此伴随考试产生的心理问题逐渐增多，考试焦虑因在大学生学习生活中日益凸显而备受关注。

焦虑是一种情绪，一般会使一个人内心紧张不安，并预感到可能将要发生某种难以应付的不利情况。在大学生心理卫生工作中，最普遍的焦虑来源便是考试，考试是大学生必经的生活事件。心理学研究表明，适度的考试焦虑并不会影响我们正常的工作学习，但考试焦虑一旦过度，学生将会急躁不安、心慌意乱、记忆力下降、免疫功能下降，甚至会引发疾病。

焦虑对动机的形成和学业的成就具有两重性，可能是积极的，也可能是消极的，这要依焦虑的程度而定。焦虑程度一般分三种情况：低焦虑、适度焦虑、高焦虑（或过度焦虑）。高焦虑和低焦虑都会为考试带来消极的影响，只有适度焦虑才能起到积极的促进作用。如果考生面对考试毫无反应、漠然处之，怎么会考好呢？如果考生考前认真复习、方法得当，有适度的焦虑，他们就会发挥出自己的正常水平。

一、焦虑的表现形式

（一）焦虑的表现

严重的考试焦虑对学习有极大的危害，大体表现在以下三方面：

（1）逃避现实

过度的考试焦虑会使学生产生厌恶考试的想法，有的学生通过逃避、防御等行为方式来表现。

（2）思维迟钝

过度的考试焦虑易分散注意力，使学生在考试时不能把注意力集中在试题上，思维迟钝，记忆力低下。

（3）情绪焦虑

消极的自我评价或别人评价造成的过度焦虑会引起许多心理疾病，使人情绪烦躁、郁郁不乐、社会适应力下降等，过度的考试焦虑会危害身体健康，导致心率加快、胃肠不适、多汗、呼吸急促、尿频、头痛、失眠生理反应，甚至神经衰弱等。

（二）焦虑的程度

（1）低度焦虑

低度焦虑指学生懈怠的态度。这些学生对考试表现出无所谓、不重视、很松弛的状态，总是紧张不起来。这种情况需要采取相应的措施，转变其轻率的态度，毕竟只有认真、投入的态度与情绪，才能顺利通过考试。

（2）适度焦虑

适度焦虑是指学生既能认真对待考试又不患得患失的一种积极心态。在这种情绪状态下，学生能够很快回忆所学的知识、所复习的内容。事实证明，在这种正常情绪下，考生思维过程流畅、信息提取有序、准确性与判断能力都比较高，考试成绩一般会比较理想，甚至会超常发挥，取得意想不到的好成绩。

(3) 过度焦虑

过度焦虑是学生对外界事物反应敏感。学生表现为与实际境遇无关的过分忧虑和烦恼。如学生担心自己无能力完成课业，害怕考试成绩不好会被嘲笑，担心与同学相处不好会遇到麻烦，因而出现心情紧张或窘迫感。学校老师和家人要帮助学生克服不安情绪，多给予鼓励，培养他们坚强的性格。

考试焦虑与学习效率的关系：当焦虑程度从零上升时，学习效率会增加，当学习效率达到中间的高峰后，焦虑向无穷大的方向继续增加，学习效率反而下降。

二、焦虑产生的原因

大学生考试焦虑的影响因素大致可以分为四方面：

(1) 准备不足，对学业不良的担忧

这个影响因素的年级效应显著，大三、大四的学生对学业不良的担忧比大一、大二的学生更高。这是因为一方面大三、大四学生的心理和思想更加成熟，另一方面他们还面临着即将毕业选择就业的问题，所以，从未来的发展考虑，无论是选择考研，还是找工作，优秀的学习成绩都是必不可少的，很多用人单位会关注学生的在校成绩和所获奖励。因此，对大三、大四的学生来说，不良的成绩会增加焦虑。此外，从大三开始，专业课的学习内容加深，课程内容增加、难度增大，尤其是理科专业的学生，每天需要花费更多的时间、精力在专业课的学习上，也会比大一、大二时期考更多的科目，所以他们考试的压力更大。

(2) 缺乏自信

这个因素的性别效应显著，女生受到考场环境变化影响的概率远高于男生。女生天性敏感，对环境变化的适应能力也远不如男生，对突发事件处理的能力也有所不足，故而当考场环境产生不利因素或发生突发事件时，女生的焦虑情绪也会更加明显。

(3) 失败阴影

学生对考试后果的担忧和求全心理，家长、学校、老师等各方面的期望，都会成为外界给考生的压力，导致学生在考试时，力求做得更完美一点，他们对在考试中犯错的接受能力也会更弱一些，所以会产生求全心理以期望获得更好的成绩，当这种心理过于强烈时，也更容易产生考试焦虑。

(4) 外界压力

父母教育方式的偏差，父母对考生往往存在很高的期望，却不知道正是这种期望给考生带来了巨大的压力，而且父母往往也不常与考生沟通交流，不懂得如何缓解考生的焦虑情绪，由此造成考生的焦虑情绪加重。

在对考试焦虑做出调试之前，大学生们更需要了解自己的焦虑是从何产生的。我们推荐使用 Sarason 考试焦虑量表。Sarason 考试焦虑量表（Test Anxiety Scale，TAS），由美国华盛顿大学心理系的著名临床心理学家埃尔文·G. 萨拉森（Irwin G. Sarason）教授于 1978 年编制完成的，是目前国际上广泛使用的、最著名的考试焦虑量表之一。

【拓展】

Sarason 考试焦虑量表（TAS）

姓名_____ 性别_____ 年龄_____ 年级_____ 文化程度_____

父亲文化程度和职业_____ 母亲文化程度和职业_____

指导语：此量表用于测定初中以上学生在考试期间的焦虑水平。下列 37 个句子描述人们对参加考试的感受，请阅读每一个句子，根据实际情况（感受），在每一题号后（　）内回答（是或否），答案没有对错、好坏之分，只求按实际情况填写，尽可能快些作答，但切勿遗漏。

（1）当一次重大考试就要来临时，我总是在想别人比我聪明得多。（　）

（2）如果我将要做一次智能测试，在做之前我会非常焦虑。（　）

（3）如果我知道将会有一次智能测试，在此之前我感到很自信很轻松。（　）

（4）参加重大考试时，我会出很多汗。（　）

（5）考试期间，我发现自己总是在想一些和考试内容无关的事。（　）

（6）当一次突然袭击式的考试来到时，我感到很怕。（　）

（7）考试期间我经常想到会失败。（　）

（8）重大考试后我经常感到紧张，以致胃不舒服。（　）

（9）我对智能考试和期末考试之类的事总感到发怵。（　）

（10）在一次考试中取得好成绩似乎并不能增加我在第二次考试中的信心。（　）

（11）在重大考试期间我有时感到心跳很快。（　）

（12）考试结束后我总是觉得可以比实际上做得更好。（　）

（13）考试完毕后我总是感到很抑郁。（　）

173

（14）每次期末考试之前，我总有一种紧张不安的感觉。（　）

（15）考试时，我的情绪反应不会干扰我考试。（　）

（16）考试期间，我经常很紧张，以致本来知道的东西也忘了。（　）

（17）复习重要的考试对我来说似乎是一个很大的挑战。（　）

（18）对某一门考试，我越努力复习越感到困惑。（　）

（19）某门考试一结束，我试图停止有关担忧，但做不到。（　）

（20）考试期间，我有时会想我是否能完成大学学业。（　）

（21）我宁愿写一篇论文，而不是参加一次考试，作为某门课程的成绩。（　）

（22）我真希望考试不要那么烦人。（　）

（23）我相信，如果我单独参加考试而且没有时间限制的话，我会考得更好。（　）

（24）想着我在考试中能得多少分，影响了我的复习和考试。（　）

（25）如果考试能废除的话，我想我能学得更好。（　）

（26）我对考试抱这样的态度：虽然我现在不懂，但我并不担心。（　）

（27）我真不明白为什么有些人对考试那么紧张。（　）

（28）我很差劲的想法会干扰我在考试中的表现。（　）

（29）我复习期末考试并不比复习平时考试更卖力。（　）

（30）尽管我对某门考试复习很好，但我仍然感到焦虑。（　）

（31）在重大考试前，我吃不好。（　）

（32）在重大考试前我发现我的手臂会颤抖。（　）

（33）在考试前我很少有"临时抱佛脚"的需要。（　）

（34）校方应认识到有些学生对考试较为焦虑，而这会影响他们的考试成绩。（　）

（35）我认为考试期间似乎不应该搞得那么紧张。（　）

（36）一接触到发下的试卷，我就觉得很不自在。（　）

(37) 我讨厌老师喜欢搞"突然袭击"式考试的课程。（　）

【评分方式】

各项目均为 0~1 评分。

评分时，"是"记 1 分，"否"记 0 分，但其中第 3、15、26、27、29、33 题 6 个项目为反向记分，即"是"记 0 分，"否"记 1 分。

把所有 37 个项目的得分加起来即为总分。

【结果分析】

12 分以下考试焦虑属较低水平；

12~20 分属中等程度的考试焦虑；

20 分以上属较高水平的考试焦虑；

15 分或以上表明该被试者的的确确感受到了因要参加考试而带来的相当程度的不适感。

考生们通过 Sarason 考试焦虑量表可以较为清晰地了解到自己的焦虑情况。不难发现的是，焦虑人人都会有，但是焦虑程度却因人而异，焦虑过高或过低都不利于考出好成绩。所以，考生们应该做的是对症下药，针对自己的焦虑情况做出相应的调适。

三、自我调节的方法

以下几点是关于克服考试焦虑的方法及建议。

（一）应试策略

我们要提高应试技巧，应试技巧也是学习能力的一个组成部分。掌握了良好的应试技巧，避免因为紧张而造成心理上不必要的紧张，将有助于在考试过程中充分发挥自己的真实水平和潜在能力，取得考试的成功。

（二）认知矫正

我们要改变对考试的不合理认知，意识到自我认知和评价是造成考试焦虑的关键，要明确考试的意义。如何有效克服考试焦虑症，我们首先应了解它发生的生理基础。人体产生的各种情绪都会受相应的激素物质控制，与焦虑症相关的一般是肾上腺素、去甲肾上腺素、β-内啡肽。当一个人紧张和恐惧时，大脑就会分泌出去甲肾上腺素。这些激素是人类生活不可缺少的物质。但如果一个人长时间处于恐惧、紧张的状态中，这些物质就会持续分泌，将会对身体产生损害，降低学习的效率。而当一个人心情放松时，大脑内就会分泌出β-内啡肽活跃脑细胞，β-内啡肽使身体保持活力，还能保持并且延续愉快的心情，当处于这种状态时，大脑更易接受知识，考试复习也更高效。

（三）行为矫正

我们要改变不合理的应试行为，找到独属自己的应试策略。对此，我们可以罗列出自己方方面面的顾虑，再一一对这些顾虑进行自我辩论，树立正确的自我意识，增强参加考试的信心，减缓或克服考试焦虑，以一种崭新的精神面貌和行为姿态出现在考场上。我们还可以找一些韵律舒缓的音乐磁带、专门的训练磁带或想象放松程序，在家里进行自我训练。

四、克服考试焦虑的心理调节方法

（一）抑制法

有许多学生在临考前会出现怯场心理，担心自己考不好而过于紧张。对此，考生可用抑制法来避免怯场或走神。其原理是，大脑中一组神经元受到刺激后，会发出一种兴奋刺激大脑皮层，产生思维活动。同时，大脑又会发出另一种抑制其他神经元活动的兴奋。运用抑制法的具体步骤是，考生拿到试卷后，只需冷静地思考试卷上的题目，无须多久，这种怯场或走神的心理自然会被抑制，进而机体将会调整至最佳状态来完成考试。

（二）睡眠法

部分考生由于前一夜睡眠不足、精神状况不佳或产生怯场心理，导致考场发挥失常。学生出现这种情况，此时不妨趴在桌上小憩3~4分钟，让自己不安的情绪处于较为平和的状态。这种方法不仅有利于协调中枢神经，还可消除疲劳和紧张，使自己情绪稳定、思路敏捷，身体状态也从低谷恢复到正常水平。

（三）翱翔法

有部分考生拿到试卷后，便忧心忡忡，导致自主神经系统紊乱、交感神经系统过度紧张、迷走神经过度抑止。针对这种情况，考生可想象自己在牧羊，让思想在大草原上畅游。这种方法可使自主神经得到协调，考生从而摆脱困境，顺利应考。

（四）化简法

一般很多优秀的考生一拿到试卷，就先把简单的试题完成，然后再一步步解决疑难问题。因为在完成这些简单的试题时，能有效稳定自身情绪，活跃思维，提高自身的反应能力。

五、克服考试焦虑的自我训练方法

（一）自我训练法

考生可多回忆以往在考试中的成功体验，通过进行内心辩论，对出现的消极意识中不合理的成分进行分析。例如，"每到考试，我总担心其他同学在这次考试中比自己强"，针对这种想法，考生应该引导自己辩论："这种担心有必要吗？根本毫无必要。班里确实有比自己更强的同学，但也有不如自己的同学，因而担心其他同学比自己强，这是毫无意义的。"考试固然意味着需同他人竞争，但就个人的发展而言，归根结底，还是在同自己竞争。因此，专注思考其他同学比自己强，白白将精力浪费在毫无价值的猜测上，既增加了自卑情绪，又使自己丧失了信心和勇气，这简直就是一种精神枷锁。对这种情况，考生应该采取怎样的态度呢？考生只需记住，要抓紧时间排除杂念，立足自身条件，借鉴其他同学的成功经验，让自己克服考试焦虑。

（二）系统脱敏疗法

在某种程度上，考试焦虑是对考试的某些情景过于敏感所致。因此，消除个体对某些方面过于敏感的状态，使个体适应每一个刺激，使这些刺激不再诱发焦虑紧张情绪是十分重要的。我们可以采取以下步骤来克服考试焦虑，首先，按照焦虑程度不同，对引起焦虑的情景进行分类（如考试焦虑：周围的人提到考试就担惊受怕、考试前一天就坐立不安、考试的当天走出家门、走进学校、坐在教室里等候考试、听到考试铃声响起、发考卷时、拿到卷子时、做第一道题、考试过程中），然后，根据刺激等级进行想象。在想象的过程中，我们不断诱发自身的紧张情绪，同时，进行适度的放松训练。如此反复，我们将适应每一个刺激。实际上，我们想象每一个考试刺激情景并适应这些情景的过程，就是在脱敏。在想象整个考试结束后，如果每一个刺激都已经不会使我们焦虑，那么，脱敏便成功了。在现实的考试情景中，我们也就不会有过度的反应了。

（三）音乐疗法

音乐能影响人的情绪行为和生理机能，不同节奏的音乐能使人放松，使人的生理、心理节律发生良性的变化。如圣洁、高贵的音乐，可净化人的灵魂，使人境界开阔；速度较缓的音乐给人以安全感、舒适感；清澈、高雅的古典音乐，可以增进人们的记忆力、注意力；流行音乐可使人感情投入；等等。

第四章

大学生能力培养与潜能开发

第一节　学会学习

每个人不论在做什么都会碰到很多问题，在学习中也是一样，到底如何来解决？一般有三个步骤：发现问题、分析问题、解决问题。

一、发现问题

第一，我们应该要学会发现问题，发现问题比解决问题更加重要，发现问题是一项创新之举，而解决问题是一项执行能力。发现问题同样也是一种能力，是一种从外面纷杂的环境情况中，发现自己需要的、有价值信息的能力。

二、能否发现问题主要由三个因素决定

（1）意愿

这个取决于每个人的责任心。责任心强的人，会关注工作的本身和结果；责任心差的人，总是抱着"事不关己高高挂起"的态度，这样的人基本不会讲问题。企业解决这个问题的途径有三种：第一种，在招聘时加强人员

的筛选和把关，将责任心作为一个重要的考评指标，通过以前他做过的事情，来判断其责任心到底如何。第二种，加强培训宣传，人都是渴望改变的，企业内部培训就应该多从人员的基本素养来开展。第三种，用机制来引导，责任心强的、发现问题多的人就给予更多的奖励、机会、物质的回报，告诉员工，我们公司的导向就是需要责任心强并善于发现问题的员工，并让他看见实实在在的案例。

（2）标准

一个对自己标准高的人看什么都是问题，一个对自己标准低的人看什么都没有问题。比如，当你对生活标准、自我要求很高时，你会发现自己与别人的差距很大，不知道的东西很多，就会看到自身存在的很多问题。对工作要求严格，有创一流的目标和意识，你就会发现工作中有很多看不惯的现象，你才可能提出很多工作中需改善的问题。

（3）思考

善于思考的人才能够提出有水平的问题，不用脑思考的人看到的永远是一个肤浅的世界。能否深度思考是一个人是否有能力的标志，也是一个人能否发现有价值问题的衡量标准。

三、发现问题的方法

（1）实践

自己去做，实践有助于积累经验，也可以发现问题。

（2）多问

问的对象可以是自己、行家、同事等所有可以问的人，因为他们会帮助我们发现被忽略的问题。

（3）多听

多听同行的建议以及个人要善于总结，通过总结可以发现问题。

（4）重视结果（用数据说话）

分析结果或数据，通过对比结果数据可以获得很多信息，同时也可以发现问题。

（5）多交流

这不仅限于个人，更重要的是团队之间的交流，详细介绍各自工作情况，俗话说旁观者清，站在其他的角度更容易发现问题。

（6）重视细节

随意发现的问题背后可能存在重大问题，偶然听说的不经意间的信息来源也会成为发现问题的方式。

（7）比较

与好的团队比较，很容易发现自己的不足；与过去比较，则容易发现规律；与其他方法比较，可以找到更好的方法。

四、分析问题

问题的解决在于搞清楚其发生的原因，追根溯源，从根本上将问题解决，所以我们需要找到一些治标还治本的分析方法。

什么是问题的分析？简单来说，问题分析的目的是找到问题的重点，这就是问题分析的本质。问题分析有两个关键点：第一，是问题分解，第二，是排序。

常见的问题分析首先要做的就是基于问题的初步定义，对问题进行进一步分解，可以是对目标本身的分解，也可以是对产生问题的可能原因的分解。比如，当前经营业绩不好，这个问题已经转化为需要提升公司利润这个目标，那么就可以基于这个目标进行分解；再比如，当前IT系统运行缓慢，性能有问题，引起问题的原因可能是硬件，也可能是软件，软件部分又可能是数据库或中间件，也可能是我们自己的程序编码，这种分解方式就是基于问题本身可能原因的分解。

问题分析阶段排序的重点是关键影响因素的确定，注意在决策阶段还会涉及决策过程中的排序，但是在分析阶段重点仍然是对问题本身的关键潜在原因和可能影响点的排序。

举例来说，对 IT 系统性能问题的分析，经过初步诊断，认为问题产生的最大原因可能是数据库本身性能出了问题，其次是程序编码可能出了问题。经过这种优先级排序后才能够确定后续解决问题的策略和次序。

排序的目的最终就是形成优先级列表，为决策服务。在分解后进行排序转化出来的决策往往是一种结构化的决策方法。我们虽然很多时候往往并不会按部就班地这样一步步做，但是这确实是一种科学决策和思考的方法。

因此，我们在问题分析中仍然要开展各种实践活动，目的是对问题进行初步判断，找到问题真正的关键影响因素，并把非关键的影响点排除掉或降低其优先级。问题分析最终形成的关键影响因素的优先级排序则是进入问题解决阶段的关键输入。

分析问题的方法：

(1) 电工法

复盘目标达成中的各个环节，将问题范围逐渐缩小，从而确定问题发生的环节。在分析一般问题上，这个方法能够方便有效地帮助我们确定问题所在，与排除法有着异曲同工之妙。排除法在于将假命题进行排除，最后留下正确的答案，电工法与之相反，通过不断地排除正确选项以接近问题点。

(2) 类比法

类比法是将相近的事物进行不同方面的比较，通过对比一件事情的正确或错误证明这一事物的正确与否，这是运用类比推理形式进行论证。简而言之，类比法就是用一个已知的案例，对照现存案例来获得问题的解释。有个在生活中常见的案例：通过遥控器控制家里的空调时，突然失灵了，上次家里电视机遥控失灵时，是因为遥控器没有电了，那么这次空调失灵也可能是没电而导致的。这样的一个分析过程就是类比分析法。

我们要想提高类比结果的正确率，就要尽可能地认识到对象间的相同点。对象间的相同点越多，二者的关联度就会越大，结果的正确率就会高很多。

(3) 试错法

试错法就是总是进行尝试和验证结果，直到找到正确的解法。

试错法虽老套，却也是最简单有效的分析法，而且试错法有一个关键性的优点：它可以在拥有很少或是没有其他信息的情况下进行，特别在其他分析法都无法奏效的情况下，唯有用试错法才可以进行分析。

这个分析法还有一个特别出名的代言人：李时珍，我们都知道李时珍尝百草编《本草纲目》的故事，在当时缺乏草药属性信息的情况下，李时珍就是不断地亲身试药，分析每一种草药的药性和毒性，从而写了《本草纲目》这部"东方药物巨典"。

当我们面对一个新问题的时候，我们可以通过不断的试验消除误差，最终接近所求的答案。

(4) 思维导图

思维导图是一个实用的思考工具和助记伙伴。总的来说，思维导图可以帮助我们记忆、思考，并在每个信息点之间建立关联。

首先是记忆。在分析复杂问题的过程中，我们如果仅靠大脑记忆，很难记住所有的问题点，会在分析过程中存在漏洞，影响分析结果。当借助思维导图进行分析时，我们不仅能对分析过程进行完整的梳理，还能记录整个分析过程。

其次是思考。当我们在阅读一本书的时候，我们如果只是看书上的文字，做点简单的标记，很多时候就会进入一个只认字不思考的状态。但是如果我们的任务就是要不断完善这个思维导图，那么这个过程其实就是强迫自己去思考书中的内容，让相关内容在我们的图中相互交织，并有自己的特色。

思维导图的特点就是信息的图形化。我们把分析问题的过程由记忆和思考两个行为简化为看图思考，当看着一张逻辑清晰、信息明了的思维导图时，分析问题就会变得简单了。

遇到问题，学会运用上述几个方法进行分析，你就会发现，问题其实不可怕，而在抽丝剥茧的分析过程中会有一种满足感。

五、解决问题

问题解决本质就是基于问题的关键影响因素，制订充足的实施计划，并进一步观察和确认问题是否已经解决。如果还没有解决再进行循环迭代，直到问题真正解决为止。

问题解决包含两个关键步骤：一是决策，一是行动。决策从多个备选方案中确定最优方案，行动则是针对最优方案制订详细的行动计划。

决策，本身又分为结构化决策和非结构化决策，结构化决策是指对某一决策过程的环境及规则，能用确定的模型或语言描述，以适当的算法产生决策方案，并能从多种方案中选择最优解的决策；而非结构化决策，是指决策过程复杂，不可能用确定的模型和语言来描述其决策过程，更没有所谓的最优解的决策。

决策要注意的仍是多维度评估和排序，但是排序的目的是确定行动方案，在行动方案确定中就不能只是考虑影响因素本身，还需要考虑实施难度、投入的工作量和成本、实施周期等多方面的内容。因此，最终的决策往往并不是解决关键影响点，而是变通为解决次关键影响点。

我们对问题的分析，原来比较常用的是二元决策，即是和非，但是随着问题本身的复杂化带来我们在分类和决策上的复杂化。因为一个大问题其本身就是一个问题的集合或者叫问题群，一个单独的事件我们可以用做还是不做来决策，但是对于问题群我们需要的是组合决策。矩阵分析是一种最简单的多维度分析和决策，打破了原有简单的二元判断逻辑，即简单问题或单目标的决策：排序、优先级列表、层次分析法多目标决策，而且多目标间相互影响：组合分析、矩阵分析、组合决策、计算机模拟等。

一个复杂问题往往无法用单一目标和精确数学模型描述，同时该问题本身又是对应到多目标间的平衡优化，特别是这类问题，类似当前宏观经济里面的决策、投资策略决策等都是一种复杂决策。

在问题定义部分，我们可以将问题分为离散状态类问题和连续类状态演进问题。在解决问题时，这两类问题本身就存在明显差异。

（1）离散状态类问题：事件触发状态变更，行动计划很简单，触发一个事件即解决问题。

（2）连续状态问题：实施过程和流程状态渐变，行动计划复杂、周期长，需要持续不断努力。

例如，我们看到提升学习成绩、减肥等问题都是连续状态类问题，这类问题给出行动或实施计划相当容易，但是要严格遵循计划去实践和验证、坚持和专注就没那么容易了。我们本身的实施计划可落地性很差，那么这种个人成长和学习类的培训往往就演变为鸡汤或成功学。

如果想举一反三，我们首先要弄清和理顺事情的关键点，好比学数学时先看一个引例，从引例中得到理论或者定律，然后应用理论或者定律再去解决相应的问题。"一"就是数学中的理论或者定律，"三"就是解决的一系列问题。在生活中我们要多观察，每件事情的成败都由很多因素构成的，多想想事情之间的联系，构建自己的知识体系。生活中的问题远比数学中的问题复杂得多，我们有时需要多个"理论"或者"定律"，这样长期的坚持就会有所收获。

解决问题的方法：

（1）对问题进行多角度、多层面的分析和思考，不能就问题解决方式的数量持固执认知。事实上，我们从不同角度对问题进行分析，往往就能发现解决问题的不同方法。

（2）要勇于尝试，要敢想那些看起来有风险的解决办法，不要一概否决。

（3）要集思广益，注意收集所有的意见。与问题没有直接利害关系的人常常能发现解决问题更好的办法。

（4）切勿急于求成，从而敷衍地选择一个解决问题的办法。我们要明白没有最好的只有更好的解决问题的方法。

六、总结

问题的发现是基础，问题的分析是关键，问题的管理是结果。问题管理是可以直接见效益的管理措施，每个企业都应该坚持推行这一措施。

问题即现状和期望之间的差距，差距即是问题，而期望值往往就是目标。因此一个好的定义至少需要包括两方面的核心内容，具体如下：

（1）问题定义有清晰的现状和目标的定义，而目标定义本身又符合"SMART"目标定义原则。

（2）对问题定义的本身要符合"5W1H"原则，时间、地点、人物、环境、问题出现的过程必须定义清楚。

基于这两个核心内容，我们就可以将问题定义清楚。不过在问题定义的时候我们需要更加清晰地将问题转换为目标，目标本身又具备了空间和时间可达性。例如，"餐厅菜品涨价究竟该涨多少"这类问题应该转换为"餐厅3年盈利最大化"这个目标。

问题转化为目标，就是在问题定义中的关键破题。我们遇到任何问题的时候，多问几个为什么，自然就更容易探索到问题背后的问题，这个背后的问题才是本质或者说是我们要追寻的目标点。

问题即事物表现出来的一种状态，这种状态没有达到我们的期望，类似收入低了，小孩不听话，身体不舒服，肚子饿了，手机没电了，等等。事物本身的状态，我们可以将其理解为一种是离散非连续状态，一种是渐进连续状态。比如，手机有电没电就是一种非连续二元状态，而成绩从60到100分，则是一种连续渐进状态。

第二节 学习心理学的目标

心理学有两个部分：基础心理学和应用心理学。基础心理学主要讨论理论体系的建立及其基本规律。例如，人的心理过程是怎样的，活动机制又是怎样的，而关于人的情绪是怎么出现的，人的情绪为什么会有不同等，现在仍然没有一个绝对的定论是关于人格的探讨，现在关于人格的探讨都是由几大学派的观点共同组成的。

应用心理学更重视在实际生活中运用心理学的理论，服务并且提高人们的工作和生活质量。比如，一个人长期感到胸闷、气短、心慌等躯体症状，但是经过医院检查后并没有发现有任何器官上的病变，那么此时就可以假设他是因为心理问题引起了躯体不适，这就需要心理医生的介入了，通过运用心理学范畴的各种原理和方法使得求助者的身心健康得到显著的恢复，与此同时求助者自己也会及时地调整自己的心态，从而更好地适应环境，健康地生活。

一、探索学习规律

探索规律不仅是去探索和发现数学规律，而且更主要的是经历从特殊到一般、从一般到特殊这种探索规律、验证规律的过程，掌握从特殊到一般、再从一般到特殊的数学思维方法。

二、构建学习理论

建构主义的学习理论是对皮亚杰、布鲁纳（Bruner）、维果茨基、维特罗克（M. C. Wittrock）等人的早期建构主义思想的不断发展，随着认知心理学的批判与发展，建构主义学习理论成为 20 世纪 90 年代出现在心理学领域中的一股强大"洪流"。建构主义学习理论,与认知主义学习理论、行为主义学习理论一起被称为三大学习理论。建构主义的教学观念强调的是要充分发挥学生个人的主观能动性,在一个学习过程中,要求学生能够用探究、讨论等各种不同的方法在头脑中去主动建构知识。在知识的意义性建构过程中,培养学生分析问题、解决问题以及创新创造的思维能力。作为一类新的学习理论,建构主义也被赋予新的学习意义。首先,建构主义学习理论主张学习的过程是学生主动建构知识的过程,学习是建构内在心理表征的过程,学生并不是把知识从外界搬到记忆中,而是以原有的经验为基础,通过与外界的相互作用来建构新的理解。学习活动不能单单只是由教师单纯向学生灌输知识,更不是学生被动地接收信息的过程,而是学生凭借自己原有的知识以及经验,通过和外界的互动,从而主动产生信息意义的过程。其次,建构主义学习理论对学生所学内容也提出了新的看法,即知识不再是我们通俗意义上所讲的课本、文字、图片或者教师的板书以及演示等对现实的准确表现,而是一种理解和假设。学生们对知识的看法并没有统一的标准,而是根据自己的经验和背景,用自己的方式表达对知识的理解,从而对世界的认知赋予含义。

心理学的学习对自身的影响:

1. 知识观

知识并不是对现实完全客观的表达,任何一种承载知识的符号系统都不可能是绝对真实的表现。作为人们对客观世界的一种解释、假设和假说,知识却并不是问题的最终答案,它会随着人们认知程度的深入而不断地变化、升华甚至改写,从而出现新的解释和假设。

知识并不能绝对准确无误地概括世界的法则,不能提供适用于任何活动或问题解决的方法。在一些具体的问题解决中,知识是不可能一用就准的,而是需要在具体问题的情境下对原有知识进行再加工和再创造。

知识是不可能以实体的形式存在于个体之外的,我们虽然通过语言赋予了知识一定的外在形式,从而获得了较为普遍的认同,但学生并不能够对这种知识有同样的理解。真正的理解只能通过学生自身的经验背景建构起来,取决于在特定情境下的学习活动过程。否则,那就不叫理解,只能叫死记硬背,或是被动的复制式学习。

由此可见,这种知识观是对传统课程和教学理论的巨大挑战。在建构主义看来,课本知识只是一种对某种现象较为可靠的解释或假设,并不是解释现实世界的"绝对参照"。某一社会发展阶段的科学知识固然包含真理,但是并不意味着这个真理一直不变,随着社会的发展,肯定还会有更真实的解释。更为重要的是,任何知识在被个体接收之前,对个体是没有什么意义的,也无权威性可言。因此,教学不能把知识作为预先决定了的东西教给学生,不能以我们对知识的理解让学生接收,也不能用社会性的权威去压服学生。学生对知识的接收,只能由他们自己来建构完成,以他们自己的经验为背景,从而来分析知识的合理性。在学习过程中,学生不仅自己理解新知识,而且会对新知识进行分析、检验和批判。

2. 学习观

当代建构主义者主张,世界是客观存在的,但是对世界的理解和赋予的意义却是由每个人自己决定的。我们都是以自己的经验为基础来建构现实的,或者说至少是在解释现实,每个人的经验世界都是由他们自己的头脑创建的,由于每个人的经验与产生这些经验的过程、社会、文化、历史背景的不同,导致每个人对外部世界的理解便也不同。因此,学习不是由教师把知识简单地传递给学生,而是由学生自己建构知识的过程。学生不是简单、被动地接收信息,而是要主动地建构知识的意义,这种建构必须由他们自己来完成。

学习过程同时包含两方面的建构:一方面是对新信息完成意义的建构,同时又包含对原有经验的改造和重组。这与皮亚杰通过同化与顺应而实现的双向建构的过程是一致的。只是建构主义者更重视后一种建构,他们强调学生在学习过程中并不是发展仅供日后提取出来、以指导活动的图式或命题网络，恰恰相反，他们对概念的理解是丰富的、有着经验背景的，从而在面临新的情境时，能够灵活地建构起用于指导活动的图式。

任何学习都会涉及学生原有的认知结构，学生总是以其自身的经验，包括正规学习前的非正规学习和科学概念前的日常概念，来理解和建构新的知识和信息。学习是根据自己的经验背景，对外部信息进行主动的选择、加工和处理，从而获得自己的意义。我们应该注意的是外部信息本身没有什么意义，外部信息是学生通过新旧知识经验间的反复、双向的相互作用过程而建构成的。因此，学习不是像行为主义所描述的"刺激—反应"那样。学习意义的获得，是每个学生以自己原有的知识经验为基础，对新信息重新认识和编码，建构自己理解的过程。在这一过程中，学生原有的知识经验因为新知识经验的进入而发生调整和改变。所以，建构主义者关注如何以原有的经验、心理结构和信念为基础来建构知识。

3. 教学观

建构主义者强调学习的主动性、社会性和情境性，因此对学习和教学提出了许多新的见解，主要有以下原因。

事物的意义并非完全独立于我们之外而存在的，而是源于我们的建构，每个人都以自己的方式理解事物的某些方面，因而教学要增进学生之间的合作，使学生看到那些与自己不同的观点。因此，合作学习受到建构主义者广泛的重视，这些思想与维果茨基对于重视社会交往在儿童心理发展中的作用的思想相一致。学生以自己的方式建构对事物的理解，从而使不同的人看到事物的不同方面，不存在标准的、唯一的理解，学生之间的合作使理解更加丰富和全面。

教学不能无视学生已有的知识经验，不能简单强硬地从外部对学生实施知识的"填灌"，而应当把学生原有的知识经验作为新知识的生长点，引导学生从原有的知识经验中，生长出新的知识经验。这一思想与维果茨基"最近发展区"的思想不谋而合。教学不是知识的传递，而是知识的处理与转换。

教学应在教师指导下以学生为中心，在强调学生主体作用的同时，也不能忽视教师的引导作用。教师从传统传递知识的权威者转变为学生学习的辅导者，成为学生学习的高级伙伴或合作者。教师是意义建构的帮助者、促进者，而不是知识的提供者和灌输者。学生是学习信息加工的主体，是意义建构的主动者，而不是知识的被动接收者和被灌输知识的对象。总而言之，教师是教学的引导者，建构主义理论将监控学习和探索的责任由教师为主转向为由学生为主，最终使学生达到独立学习的程度。

同时，教学应使学习在和现实情境相类似的情境中发生，以解决学生在现实生活中遇到的问题作为目标，因此学习内容要选择真实的任务，不能对学习内容做过于简单化的处理，令它远离现实的问题情境。由于具体问题往往都与多个概念理论同时相关，所以，建构主义主张弱化学科界限，强调学科间的相互交叉。这种教学过程和现实问题的解决过程相类似，所需要的工具常常隐含于情境当中，因而在教学中要求教师并不是将提前已准备好的内容教给学生，教师而是在课堂上展示出与现实中专家解决问题相类似的探索过程（甚至有人主张教师不需要备课），提供解决问题的原型，并指导学生探索。建构主义主张一方面要提供建构理解所需要的基础，另一方面又要给学生留广阔的建构空间，让他们针对具体情境采用适当的策略。

三、指导学生学习

（1）培养兴趣，养成良好的学习习惯，创造宽松自主的学习环境，建立平等互动的师生关系。积极运用多边互动，使学生成为学习的主人。

（2）让孩子自己制定学习目标和达成目标的方法。理解孩子的强项和弱项，让自主学习成为孩子学习的驱动力，同时也需要家长的配合。

（3）创设情境，激发学生的学习兴趣，让学生主动去学习。

(4) 精心设计课堂提问，促进学生主动学习。问题要能激起学生的兴趣和好奇心。问题要层层递进，能够促进学生思维的发展。问题应处在学生思维发展水平的最近发展区，学生对这些问题可望又可即，能刺激学生的学习欲望。问题要能够拓展学生思维的深度与广度，让学生从不同的角度去思考。

(5) 让学生亲身体验学习过程，促使学生主动学习。

(6) 创设参与交流的空间，促使学生主动发挥。

(7) 让学生意识到自己的进步，促使学生产生更大的学习兴趣。

第三节　大学生学习能力培养

【案例】

　　来自农学院2015级植科一班的瞿媛，她从大一到大三都担任班级班长，三年多来工作认真负责，被评为校级优秀学生干部。她大二曾任2016级新生内务助理，大三曾任2017级新生助理班主任，并获得"优秀助班"荣誉。瞿媛深知学生的天职就是学习，因此坚持把学习贯穿于生活中，养成优秀的学习习惯，制定良好的作息时间，从步入大学之后就开始向着自己的梦想努力着。在课余时间，她会去图书馆翻阅群书，与圣贤交谈；去实验室参与实验，体验躬行的乐趣，不断求知求真，开拓创新；或是来到田径场跑步，用汗水带走一天的疲惫和不快，尽情享受生活的美好。瞿媛希望自己能坚持做身体和灵魂总有一个在路上的人，如果不够优秀，那就先努力。在她看来，没有横空出世的运气，只有不为人知的努力。作为班长以及班级作物学科研竞赛负责人，瞿媛带领全班同学从田间试验方案的设计到撰写水稻的育秧和幼苗的移栽，对二十七个试验小区四周田埂进行了六次修筑与加固。每一处细节都要亲自校对，每一场实验都要亲自实践，与同学们一起将方案完美完成。

瞿媛将"坚持"作为自己的习惯,在谈及选择了忙碌是否后悔时,她说:"我相信一切都是最好的安排,只要用心去做,就无所谓后悔。"时间是流动的光,是映着沿路风景的河流。正所谓时间和难易是我们无法进行管理的,但是我们却可以选择去做或者不做一些事务,还可以选择做这些事务的优先顺序。在瞿媛看来,拖沓是对时间最大的辜负,也是一种不负责任的自欺欺人。在时间安排上,她认为应该分清主次,急事急做,学习和工作优先,在完成任务之后才考虑休闲娱乐,一心二用只会得不偿失。她认为只有高效率的生活才是高质量的,才算活得有价值、有意义。

大学四年匆匆,瞿媛的大学正如江南的一句话:世界永不足够,我一直在路上。

一、学习能力的基本概念

在《能力的内涵》一文中,它将能力区分为学习能力、执行能力与专业知识三类,其中,学习能力十分重要,是其他能力的基础。因为学习能力就是学习的方法与技巧(并非学到东西),学生有了这样正确的方法与技巧,在学习到知识后,就形成了专业知识;学习到如何执行的方法与技巧,就形成了执行能力,因此,学习能力是所有能力的基础。

根据中国教育家协会、中华教育研究交流中心联合广州市特级教师协会的最新研究结果表明,学习能力表现可以分成六项"多元才能"和十二种"核心能力"两大方面的力德教育体系。

多元才能:知识整合能力、社交能力、心理素质、团队合作、理财能力、策划与决策能力。

核心能力:注意力、观察力、记忆力、思维力、想象力、创造力、理解力、语言表达、操作能力、运算能力、听/视知觉能力。

二、学习能力的内涵与重要性

对学生而言,学习能力就是指通过教师指导而获得的一种学习技巧或方法,而这只是一种应试能力,并不是真正的学习能力。真正的学习能力是在一个开放的环境中,在一个不断变化的开放场景下,自己主动去探索和习得原先不了解的知识和技能的能力,并且能应用这种新掌握的技能,去解决自己原先还不能解决的问题。在我们一生的早期时候,大多时候以应试为主,但是随着时间的推移,学习能力的作用就会真正日益显现,并最终会产生重大深远的影响。在大学毕业之后数十年的职业生涯中,这种能通过主动学习不断提升自己的"真正的学习能力"起着重要的作用。

三、大学生现今的学习现状

(一) 大学学习的变化

(1) 学习的重点由以学为重点转变为以习为重点。过去的学习偏向于科学知识、技术文化,偏向理念的获得与理解,也就是偏向脑力活动,重点在学。而进入知识经济时代之后,学习则更偏向知识的运用,偏向人全面素质的提高,偏向演练,偏向手的活动,偏向培养能力。任何能力的培养,都需要一遍又一遍地练习,才可以逐步提高,所以重点在习,习比学更重要。

(2) 学习的对象由个体学习为主转变为以团队学习为主。过去的学习好像是个人的事,与别人关系不大,学习只以个人为主,进入知识经济时代之后,强调的是团队学习。如果个人智商数值都高达120,团队整体的智商数值却只有62,在剧变的市场经济竞争中,这个团队注定要失败。所以在今天,高素质的团队就显得尤为重要。只有集思广益、配合默契的团队才能战胜竞争对手,取得成功。

(3) 学习形式由单一的正规学习形式为主转变为多种学习形式为主。学习形式有在校接受教育的正规学习、在岗学习的非正规学习、在业余文化体育活动中受教育的非正式学习三种。过去的学习，主要是在学校的学习，而在知识经济时代，人们的学习已从学校阶段性的学习转变成终身学习。除了正规学习以外，人们更多的是非正规学习、非正式学习。而非正规学习和非正式学习，往往是爱好学习、兴趣学习。这种爱好学习、兴趣学习往往反映一个人的个性，有利于个人潜能的挖掘，培养出针对某一方面的人才。

（4）学习手段由静态单元为主转变为动态多元为主。过去的学习手段是书本、纸和笔，是静态且单一的。进入知识经济时代后，学习的手段除了书本、纸和笔外，使用更多的是电视、电脑、多媒体等动态的多元学习手段。

（二）大学生普遍存在的问题

（1）缺乏批判性评价和反思能力。当前大学生缺乏批判性评价和反思能力，其表现在缺乏深层次的思考、另辟蹊径的自我总结和学习能力。大学生考虑问题和处理问题的方式缺乏创新，常常千篇一律，毫无突破。最明显的表现为缺乏新意的发言、作业、试卷和论文。

（2）缺乏表达能力。有人对大学毕业生走上社会后的文字表达能力的现状做过调查，统计结果显示，大学生文字能力过关的只占调查总人数的12.3%，而70.4%的人对大学生的文字能力很不满意。我们不需要推究这份调查的科学性与代表性，因为大学生文字表达能力整体现状不容乐观是不争的事实。

（3）缺乏观察力。在观察的速度与广度、观察的整体性与概括性、观察的计划性与灵活性等方面，大学生普遍存在不足。

（4）缺乏学习积极性。由于我国小学、初中、高中都属于被动型学习，学生知识的获取几乎来自课堂，步入大学后，很多学生无法调整好自己的学习方法和学习态度，几乎没有一个完善的学习计划，十分缺乏学习的积极性。

（5）许多大学生虽然表现出了不满足于自己学习能力的现状，但大多数只是牢骚满腹、唉声叹气，缺乏对自己行动的信心和强烈提高自身学习能力的果断。在这个日新月异、经济高速发展的社会中,知识与能力兼具型人才越来越得到重视,当代大学生便是这知识与能力兼具型人才的潜力军。四年的大学生活使他们得到的不仅仅是知识的积累,还包括不断进取、不断探索的学习能力。校园里需要学习,校园外亦是如此,现在国家社会需要更多的是能够获取知识并且去理解、应用的创新型全能型人才。因此,这就迫切需要我们大学生紧密结合实际和专业的特点,切实加强对自身学习能力的培养,迎接时代的挑战。

四、提高大学生学习能力的方法

(一)生理途径

全脑教育。在实际生活中,全球的教育仍然以左脑教育为主,而右脑教育并没有进行较好的推广与应用。美国民意调查研究所所长盖洛普(Gallup, GeorgeHorace)指出,"当今教育是以灌输知识为主要目标,这种教育对孩子们所具有的智力开发没有起到很多作用,今后应该直接开发大脑,将发掘自身所具有的潜在能力作为教育的目标","以前的教育只是单纯利用了左右脑中的一个半球(左脑),对另一半却置之不理。这就像不让那些有可能非常出众的人去上学一样"。几乎每个人在出生时都具有成为天才的先天条件,这是因为我们在3岁以前活跃的主要是右脑,而在我们成长过程中左脑却得到了越来越多的使用,而右脑则被使用得越来越少,与此同时左脑式的应试教育导致右脑功能长期被压抑并逐渐进入沉睡状态,所以右脑所特有的想象力、创造力、超高速记忆能力和灵感等这些能力就被掩盖了。学校的应试教育培养的几乎是左脑思维型的学生,要想培养真正的精英人才,就需要把拥有无限潜能却处于沉睡状态的右脑开发和利用起来。

多通道联想记忆。联系的普遍性告诉我们:物质世界是普遍联系的。所以在我们学习的过程中,学会联想,才能举一反三,事半功倍,在培养学习能力时,我们应注意提高联想的能力。提高联想能力,不是朝夕之间就可以完成的，需要我们对事物的观察和思考。文学中也不乏"联想力"，在朱自清的《荷塘月色》中："微风过处，送来缕缕清香，仿佛远处高楼上渺茫的歌声似的。"用的就是通感的表现手法，清香本应从人嗅觉的角度来写，但此处用渺茫的歌声加以形容，歌声乃是听觉，作者将两种感觉互通，成就了最为经典的通感范例。这样来看联想思维并不难，大家在平时的学习中，可以把看似不可能的事物联系起来，通过合理的分析和自身具有的知识，发现一些事物的共通之处，为它们建立联系。这样，既巩固了知识，又能提高对学习的兴趣，形成一个良性循环。

注意力集中。远离电子产品，任何想要专心阅读的人，在翻开书本之前的第一件事，是把电脑关掉、把手机关掉，如果不怕麻烦的话，还可以把网线拔掉。我们的意志力阈值很低，因此，只有通过物理隔绝（关掉电子产品、拔掉网线）的方法，才能让阈值变高一些。我们如果能够习惯于专注地做事，也必须通过训练才可以。训练的过程很痛苦，我们每天要挤出一两个小时甚至好几个小时去专注地做事，感觉蛮糟糕的。所以不如制订一个计划，找到最佳的工作时间，这个需要根据每个人的情况而定。村上春树先生喜欢在晨跑之后写作；而毛泽东则喜欢把很多工作放在晚上。每天开始的时候规划，尽可能只做一件事。积极地去实现短期和长期的规划，不断提醒自己做某事的目的，以及所需要做的内容，是非常好的习惯。

（二）自控途径

学会管理。时间管理是指个体对自己本身，对自己的目标、思想、心理和行为等进行的管理。自我管理分为时间管控、难易管控和情绪管控。学会管理即是做好决策，时间管控和难易管控的目的就是帮助我们提高生活质量和工作质量。时间和难易我们是无法进行管理的，但是我们却可以选择去做或者不去做一些事务，还可以选择去做这些事务的优先顺序。管理的本质便是选择，情绪管控也是如此。我们清楚自己的三观，并且利用三观建立判断依据。在人生的不同阶段，我们经常会因为一些因素而对某个部分投入过多，例如，考试前的学习、工作初期或某个阶段的疯狂加班等这种方式的投入会挤占生活的其他事情，在短期的情况下容易使各方面失去平衡，如果这种情况变成长期之后，就容易失控，而一旦失控到临界点就会造成工作或生活的全面崩溃。比如，短期的加班是不可避免的，但长期的加班会损害一个人的注意力、判断能力、身体素质、情绪控制等，当长期加班持续下去到达某一个临界点的时候，人们就会出现负面情况。例如，分手、离婚、身体或精神出问题，严重一些直接导致抑郁症或过劳死。这个时候，我们就需要通过时间管理、事务难易优先管理和情绪管理等使我们达到一种失衡而不失控的状态。

培养一个兴趣。不管你学习任何一项技能，选择任何一种专业，从事任何一份工作，如果你在刚接触的时候可以比较顺利地入门，体验到些许成就感，那么你就会对它感兴趣，甚至越来越有兴趣。反之，初学体验差将直接导致兴趣消失。不仅如此，兴趣的培养更需要恒心，而恒心最重要的便是自我鞭策，学会自我培养一个兴趣的过程会让自我学会学习，学会从哪去学，学会怎么去学，在这个过程中更重要的是教会你提高学习效率。

(三) 外界辅助

我们生活在一个知识爆炸的时代，一台电脑、一个平板，甚至一部手机，只要有互联网，我们就能徜徉在知识的海洋里。但如今互联网鱼龙混杂，人如果缺少一定筛选能力、自控能力、时间管理能力，就容易在知识的海洋里迷失自己，最终错失前进的方向。在知识经济时代，众多多媒体技术和移动设备有着很好的集成性、交互性和信息的大容量性，这些特点可以激起学生的学习兴趣，多媒体技术教学可以丰富教学内容，丰富学生的阅历和知识，让学生开阔眼界。随着计算机网络技术的发展，网络学习已经成为当前大学生学习的主要形式之一。调查显示，大学生网络学习以搜索资料为主，其次是做作业和阅读课件，而讨论、交流则很少。从大一到大三，大学生利用网络做作业的趋势明显上升，说明随着专业学业的深入学习，网络学习也越来越频繁。在网络学习中,资料的搜索一直占据相当高的比例,说明网络资源管理很重要。网络是一把双刃剑,既有有害的一面,又有有利的一面,我们只要能够合理地利用,其实它能够给我们带来巨大的好处。网络环境给教育和教学带来了巨大的变革。同时,我们的传统教学方法受到了新的挑战,网络学习已经成为现代社会一个必不可少的学习途径。所以我们应该具备网络学习能力,首先,我们应该能够熟练地使用各种网络传播工具,如使用电子邮件、在线图书馆目录、电子杂志报纸等,同时我们也应该学会查找文献,获取有效信息。并且,我们可以用文字处理图像、处理电子表格和用 Web 网页制作工具来创建文档图标、图像等。其次,我们也要具备信息免疫能力,并培养良好的网络道德,分清是非,能够辨别信息的正确性。

(四) 举一反三

(1) 简化训练

简化的唯一目的就是提高办事效率,没有将问题简单化的原因一是逻辑表达的问题,另一个是没有找到问题的重点。把简单的事情变成了复杂的事情,又或是没有有效地把复杂的事情转化成简单的事情。将简单的事情变得复杂很容易,把复杂的事情变得简单却很难。有许多的理论讲述了把复杂的事情简单化的重要性,把复杂问题简单化的基础和提高"简化问题能力"的根本是学会"定义问题"。做简单的事情不需要过多的训练,做复杂的事情需要很多的训练。人需要不断地学习和训练从而完善自己的这个能力。从某种意义上来说,简化是对事情的实际掌控。

(2) 联想训练

联想是思维的翅膀,帮助我们驰骋万里,培养和训练联想能力一般我们采用"概念联想法"的方式。事物本质属性的反映叫概念,是人们经常使用的思维单元,概念与概念之间的关系则反映了客观事物之间常见的关系,这就为开展概念联想法创造了良好的条件。

苏联心理学家哥洛万斯(Golovans)和斯塔林茨(Starinz)曾用实验证

199

明，任意两个概念词语都可以通过四五个阶段，建立起联想的关系。比如，木头和皮球，本来是两个互不相干的概念，但可以利用联想来做桥梁，使它们发生联系：木头—树林—田野—足球场—皮球。又如天空和茶，天空—土地—水—喝—茶。因为每个词语可以与将近十个词直接发生联想关系，则第一就有十次联想的机会（有十个词语可供选择），第二就有一百次机会，第三就有一千次机会，第四就有一万次机会，第五就有十万次机会。因此联想有广泛的基础，它可以为思维运行创造无限广阔的天地。

（3）线索训练

线索的合理利用同样可以提高我们的工作、学习效率。线索就是事情发展的规律。有一句古话是这么说的："变化无穷，各有所归，或阴或阳，或柔或刚，或开或闭，或弛或张。是故圣人一守司其门户，审察其所先后。"这句话可以解释为虽然事物的变化无穷无尽，看似无法让人掌握，但它们都有各自的归宿，有各自固有的特性，这也就是规律。它们或属阴，或归阳，或柔弱，或刚强，或开放，或封闭，或松弛，或紧张。因此，古人善于观察事物的来龙去脉和先后顺序，善于把握事物发展变化的规律，并将其作为行动的关键。作为大学生，我们要慢慢学会利用其中的缘由，学会使用规律去解决问题、看透问题，让我们的工作和学习事半功倍。

（4）跨界思维训练

所谓跨界指的是突破原有行业惯例和常规，通过嫁接其他行业的理念和技术，来实现创新和突破的行为。由此可知，创新是跨界的本质，跨界是实现创新的方法。如果遇到某个难题，长时间没有办法解决，或者在某个领域无法进一步提升时，我们此时就应该采用跨界思维。我们在训练的过程中需要把握本质问题，找到目标，利用现有的领域来和其他未知的领域环环相扣，做到落地实践，跨界融合。有跨界思维的人就不会被枷锁限制住能量。"不积跬步无以至千里"，我们要想掌握和使用跨界思维能力，首先需要成为某个行业的专家，与此同时还需要对别的行业有很深刻的理解，因此建议大究竟要如何保持乐观心态，需要做到以下八点：

1. 调整观点接受当前情况

有时候，当你碰到无法解决的问题时常常会变得焦虑不安。这时，你应该接受事实，然后努力创造条件，使事实朝着良好的方向发展。除此之外，你也可以转移自己的注意力，比如，好好回味过去给你留下美好印象的事情。

2. 不要过于吹毛求疵

吹毛求疵就是鸡蛋里挑骨头，挑剔的人无法容忍社会的所有，要求世界都围绕着自己去运转，这是不可能做到的。与其整天挑别人的毛病，把自己弄得疲惫不堪，还不如持一颗豁达开朗的心去面对这个世界，要知道只有你的心豁达开朗了，天地才会变得无限广博。

3. 学会适时低头

当你遭受重大打击时，往往会变得烦躁、失望。比较好的处理方法是用平和的心态去看待发生的一切，将生活中给你带来压力的东西丢掉，停止无法达到的目标，并且从头开始过一种不同于以往的生活，能屈能伸才能享有更加美好的生活。

4. 学会开心地笑

微笑是世界上最具感染力的表情。面对一个满脸笑容的人，我们能感受到他身上的正能量，并且这样的自信和快乐也会让我们不自觉地变得快乐起来，让我们对他更加和善，也有利于彼此之间的人际关系。同时，微笑也是化解矛盾的利器。

5. 拥有一颗感恩的心

感恩和快乐密不可分，感恩能帮助你打开观察生活乐趣的视野。心理学家曾做过这样的研究，将自己内心感恩的事情说给别人听或者记录下来，这会让我们变得更加快乐。在生活中，许多事值得我们去感激，感激自己能够健健康康地活在这个世界上，感激自己有一个充满无限憧憬的未来，感激别

一、端正学习态度，树立敬学精神

（一）了解什么是学习态度

1. 学习态度的概念

学习态度是指学生对学习较为持久的肯定或否定的行为倾向或内部反应的准备状态。学习态度有端正和不端正之分，比如，学习认真、扎实，勤奋好学，刻苦努力，上课精力集中、认真听讲，努力做到融会贯通、举一反三，课后按时完成作业、力求正确无误，在各门课程的学习上一丝不苟、求真务实，力求全面发展等，这些都是学习态度端正的表现。相反，对待学习不求进取、只求及格，学习仅仅是为了应付考试及家长和教师的检查，写作业不认真，在学习上怕苦怕累、贪玩、不愿学习、借故请假、旷课，甚至逃学等，都是学习态度不端正的表现。学习态度是影响学习效果的一个重要因素。

2. 学习态度的结构

学习态度一般由对待学习的认知因素、情感因素和意向因素构成。

学习态度的认知因素是指学生对学习的目的、意义的理解，对学习对象、学习内容和学习结果带有评价意义的认识和理解。学生如果对学习的理解是正确的，相应的学习态度也往往是积极上进的；相反，学生如果对学习的理解是错误的，相应的学习态度也多半是消极的、不求进取的。

学习态度的情感因素是指伴随着学习态度的认知因素而产生的情绪情感，是学习对象、学习内容和学习结果的客观效价，是学生主观需要之间的关系反映。凡是有利于满足学生主观需要的学习对象、学习内容和学习结果，都能引起积极肯定的情绪情感，否则就会产生消极否定的情绪情感。学习对象、学习内容和学习结果能够引起什么样的情绪情感，不仅取决于学习对象、学习内容和学习结果的客观效价，而且在很大程度上取决于学生的理解程度。

学习态度的意向因素是指对学习活动和学习对象的反应倾向，表现为学习的欲求和指向。一般来说，学习态度的认知因素是其情感因素和意向因素产生的前提，没有认知就没有情感，也无所谓意向。学习态度的情感因素是认知因素和意向因素的动力，没有情感因素就没有认知因素的深化和意向因素的强化，因而情感因素是构成学习态度的核心要素。意向因素则是认知因素和情感因素的集中体现，没有意向因素，就没有行动，也就体现不出学习态度的效能。学习态度的认知因素、情感因素和意向因素之间通常互为条件、相互制约、协调一致，会构成统一的学习态度，对学习效果产生影响，但是三者之间也存在着差异性或矛盾性。比如，学习的重要性是理解，但我们存在着厌倦心理，懒于学习，表现为消极的学习态度。我们既要重视提高对学习的认知，又要重视在学习的过程中多方面地丰富学习的情感体验，强化学习意向，不停修改指正学习行为，从而形成正确有效的学习态度。

（二）如何端正学习态度

1. 培养一心向学的学习习惯

在诸多学习习惯之中，一心向学的习惯是重中之重。这种习惯一旦养成，不管是在学习过程中还是日常生活中，你都会有意无意地把万事万物与自身学习的知识联系起来，你的大脑会随时将所获得的学习信息过滤、加工、再造，从而产生意外收获。你将感到学习的乐趣。

一心向学的人善于利用时间，他们能够见缝插针、巧妙地利用时间，从而为己所用。如有些人会在休息放松之时，回忆刚刚课堂上老师讲的重要内容，有人利用候车时间记忆英语单词。这些都是一心向学的习惯表现，日积月累，积少成多，于是利用微不足道的时间去积累知识，逐渐将知识转化为自身的优势。

一心向学的人善于积累知识。他们在日常生活中，都能下意识地把注意力调到与学习相关的内容上去，直接或间接地达到学习效果。如有人习惯在休息时看电视、报纸、书籍，他们看的节目倾向于科学知识、辅导讲座等与

三、培养兴趣爱好的意义

（1）健康的兴趣和爱好，可以使我们更加热爱生活，珍惜时光，使我们的生活变得积极向上，充满正能量，能够让我们感受到生活充实和世间的美好。好多人在退休之后无所适从，一下子陷入了老年抑郁的情绪当中，其实就是一下子闲下来，不知自己该做什么，找不到方向，迷失了自己。当有了兴趣爱好，你会发现时间一下子变得珍贵无比，你不再空虚、无聊，也没有时间胡思乱想，更没有时间去参与那些无聊的聚会，你会变成一个忙而充实的人。

（2）健康的兴趣和爱好，会驱使我们寻找兴趣知音，相结为友，相互支持，相互学习和帮助彼此，净化我们的日常生活环境和精神世界，让我们的生活更有意义。

（3）健康的兴趣和爱好，可以帮助我们克服各种各样的困难，培养我们顽强的毅力，让我们能够沿着自己的目标坚定地走下去。因为自己感兴趣，所以更容易让我们坚持下去，也会让我们更加主动地去寻找解决问题的方法。就这样，健康的兴趣和爱好带给我们一股力量，激励着我们继续一步一步走下去。

（4）健康的兴趣和爱好，会促使我们智力的提高，在遇到困难时我们会认真探索、钻研、寻找答案直至解决问题。在这样的过程中不知不觉培养了我们敏锐的观察力、缜密的思维能力、丰富的想象力、高度的注意力和强大的意志力，这些都会体现在我们的日常生活和工作中，给我们带来很大的收获。兴趣和爱好可以发展成我们的事业。我们大都希望，或者说我们最为理想的职业状态就是做着自己喜欢的事情。人最为理想的状态就是兴趣爱好和工作事业合而为一，但不是每个人都那么幸运，大多数的人做着与自己兴趣无关的工作，枯燥、乏味却不得不为之拼命。既然是这样，我们为什么不在允许的条件下把我们的兴趣爱好做到极致呢？只要认真、坚持做好自己喜欢的事情，当把这些事情做到一定程度的时候，我们总会得到一件件令自己惊喜和快乐的收获。

（5）健康的兴趣和爱好，能够不断地带给我们快乐与幸福。我们为什么要不停地外出旅行，因为那是一个个探索的过程，我们不知道会在前方看到什么，在某个拐角遇到什么，无论是什么，那都是惊喜，是意想不到的，是我们原本生活当中缺少的。哪怕是恐惧、痛苦，我们都会不自觉地转换为幸福。这是人性的基本特征，当我们还在襁褓之中时，一个简单的鬼脸或玩具，都能逗得我们大笑，当我们长大认知的事物越来越多时，周围已经没有什么能够给我们带来新奇和快乐了。这时，我们就要不断地去探寻，我们可以在书海中探寻，可以在旅途中探寻，也可以在一件事物上不断地探寻，因为，我们要找的就是我们需要的快乐。这是培养个人兴趣爱好最为本我的目的，也是找到快乐的最佳途径。

最后，我还想提醒大家，在我们培养自己的兴趣爱好时，还需注意以下两点：

一是一定要根据自己的实际条件和能力，选择某项专业作为自己的兴趣和爱好，慢慢地培养并持之以恒地追求下去，终会有所收获。过程或长或短，但一定要坚守喜欢的原则，不可强求，否则适得其反。

二是在没有什么专长，又不知道该把什么作为自己的兴趣和爱好时，我们可以看看周围，看看别人在做什么，那些是否能够吸引你的兴趣；也可以看看周围认识的人，有没有人在某一领域里有所建树，我们可以利用这样的资源，快速了解事物的更多方面，同时评估一下自己是否适合这个领域。我们也可以通过各类培训班的学习，去发现和发掘自己的兴趣点，这需要一个过程，一旦我们找到适合自己的兴趣，剩下的就是要系统地学习这方面的知识，边学边做，持之以恒地追求下去。

只要你坚持下去，总有一天会发现，你的选择是正确的，它会给你带来快乐，带来幸福，带给你成功和成就感，让你重新审视、认识自己，原来自己也能有所作为，自己也能为家人带来快乐，也能让他们为你自豪，这一切都源自你的坚持。

四、保持乐观心态，维护心理健康

（1）保持良好的自我意识

为了保持心理健康水平，我们必须做到自知、自尊和自爱，要正确认识和评价自我价值，使自己始终处于积极进取、不卑不亢、充满信心的良好状态中，可以让我们去面对现实。

（2）具有良好的适应能力

我们要顺应社会和环境的变化，提高自己的生活适应能力，做到自如地适应社会，能改造环境以适应个体需要，同时也能改造自身以适应环境的要求。

（3）做情绪的主人

我们遇事要不急不怒，善于摆脱消极情绪的纠缠，保持积极乐观、愉悦的心境，能自我控制情绪，充分体验生活的乐趣。

（4）保持良好的人际关系

增强人际交往，多与社会接触，我们在与人交往中要消除孤独感和封闭心理，从中获得安全感和友谊感，并使自己的生活充满情趣。

（5）积极参加劳动实践

我们要保持与现实的联系，争取多做一些自己力所能及的事，以促进个体的全面发展和充分显示自我存在的社会价值。

在日常生活中，人们如果能做到上述几条，就一定能保持良好的心理状态，能促进心理健康。人不是机器，无论如何都应该劳逸结合，作为当代大学生，我们要怀揣理想与信念，时时刻刻鼓励自己，这样才能走得更远，实现梦想，飞向远方。